토기장이

"우리는 진흙이요 주는 토기장이시니
우리는 다 주의 손으로 지으신 것이라"(이사야 64:8)

연약함이 건네는 위로

이정환 지음

연약함,
하나님의 강함을 덧입는 자리

토기장이

• 특별한 표기가 없는 모든 성경 구절은 개역개정성경을 인용한 것입니다.

연약함이 건네는 위로

이정환 지음

토기장이

| 추천의 글 |

사람은 누구나 한계를 경험합니다. 그 한계 앞에서 자신의 연약함은 더욱 크게 보입니다. 두려움에 사로잡히게 되고 미래를 희망적으로 기대하지 못하게 됩니다. 두려움으로 인해 우리는 관계의 어려움을 비롯해 모든 삶에 어려움을 경험하게 됩니다.

바울도 한계 앞에서 연약함과 두려움을 경험하였습니다. "내가 여러분에게 갔을 때 나는 연약하고 두렵고 떨리는 가운데 있었습니다"(고전 2:3, 우리말성경). 바울이 이러한 연약함과 두려움 가운데 있었을 때, 하나님은 말씀으로 그를 붙잡아 주셨습니다. "두려워 마라. 잠잠하지 말고 말하여라. 내가 너와 함께 있으니 아무도 너를 해치지 못할 것이다"(행 18:9-10, 우리말성경). 바울이 한계에 도달했을 때 하나님의 능력이 나타났습니다. 연약하고, 두렵고, 떨리는 가운데 있었지만 하나님은 더 풍성한 열매를 맺게 해 주셨습니다. 연약함은 하나님의 능력이 나타나는 최고의 통로입니다.

온누리교회에서 부목사님으로 사역하시는 이정환 목사님께서 「연약함이 건네는 위로」라는 책을 내셨습니다. 목사님께는 특별한 사연이 있습니다. 2009년 갑상선암 수술을 받은 후 건강하게 생활하던 중 2017년, 갑자기 저칼슘증이 와서 한쪽 눈을 실명하신 것입니다. 목사님은 한쪽 눈 실명으로 인해 연약함을 경험하면서 육신적으로, 정신적으로, 영적으로 연약함을 안고 살아가는 사람들에게 소망을 주기 위해 이 책을 쓰셨습니다. 그래서 이 책에는 하나님께서 목사님을 통해 주시는 위로와 격려가 가득합니다.

연약함은 실패가 아닙니다. 불행도 아닙니다. 하나님의 손길을 경험하는 축복의 통로입니다. 이 책이 '연약함의 축복'을 나누는 도구가 되기를 기도합니다. 이 책은 하나님의 은혜를 만나는 위로와 길이 될 것입니다.

이재훈 목사 온누리교회 담임

신분과 환경을 막론하고 누구에게나 연약함이 있습니다. 죽음에 대한 두려움, 질병, 가난, 상실 등의 낙담과 절망은 우리를 연약하게 합니다. 그러나 자신의 연약함을 감추고 위장한 채 살아간다면, 연약함이 건네주는 위로와 보배를 놓친 채, 영원히 '연약한 사람'이 되고 맙니다.

이 책은 우리의 연약함을 승화시킨 성경 속의 믿음의 선진들을 소개하며, 연약함을 승리의 반전으로 변화시키시는 하나님을 소개합니다. 하나님은 우리의 연약함을 직면하도록 도우시는 상담자시요, 치유자이십니다. 그리스도인에게 연약함은 결코 불행이 아닙니다. 하나님의 선물입니다. 육체의 연약함은 영혼의 건강을 되찾게 하며, 우리를 지으시고 우리를 사랑하시는 하나님이 의도하신 목적대로 살도록 우리를 이끌어 갑니다.

우리에게 찾아온 연약함은 하나님의 선물이요, 축복을 가져다주는 고마운 손님입니다. 우리의 연약함은 하나님이 주신 무한한 가능성을 찾아내는 소중한 자산입니다. 저자는 이 책을 통해서 우리로 하여금 연약함에 직면하도록 도우시는 하나님, 그 연약함을 딛고 일어서게 하시는 하나님, 이를 승화시키고 치유와 승리의 삶을 살게 하시는 하나님을 만나도록 자상하고 따뜻하게 인도해 줍니다.

김영길 장로 전 한동대 총장 · **김영애 권사** 「갈대상자」 저자

그동안 이정환 목사님에 대해 참 겸손하고 따뜻한 분이라고 생각하고 있었습니다. 그러다 이번에 「연약함이 건네는 위로」를 읽으면서 목사님의 겸손과 따뜻함이 하나님 앞에 솔직하게 연약함을 고백함으로 얻게 된 덕목이라는 것을 깨닫게 되었습니다.

이 책에는 목사님의 연약함이 고스란히 담겨 있습니다. 또한 성경 속 인물들이 가지고 있는 여러 가지 연약함과 실제 상담을 통한 다양한 임상 경험들이 녹아 있습니다.
이 책을 겸손한 마음으로 정독한다면 우리가 가지고 있는 여러 연약함에 대해 쉽게 이해하고 더불어 우리를 회복하시는 하나님의 손길을 느낄 수 있을 것입니다.

한은경 권사 어머니학교 본부장

시신경염증으로 인한 이정환 목사님의 한쪽 눈의 영구실명 소식은 농어촌선교를 섬겨 온 사역자들에게 너무나 큰 충격이었습니다. 만약 이정환 목사님 자신의 고백처럼, 목사님을 하나님의 계획 가운데 두시기 위해 육신의 연약함을 주신 것이라면 "주님, 그리하지 않으셔도 충분히 주님을 사랑하시는 분인데 왜 이렇게까지 하시는지요?"라고 주님께 항변하고 싶은 마음이었습니다.
그러나 하나님의 위로를 경험하도록 목사님에게 실명의 고난을 주셨다면, 이분을 통해 우리가 만나게 되는 하나님의 위로는 얼마나 소중한 것일까 생각해 보게 되었습니다. 그동안 목사님의 상담을 통해 아픔을 털어놓은 많은 이들의 상처가 목사님의 영혼의 샘물에서 만들어진 위로의 붕대들로 덮어지고 싸매어질 것이라 믿습니다.
우리는 모두 연약할 수밖에 없기에 이 책은 우리 마음 저 깊은 곳에 치유와 소망의 불을 지펴줄 것이며, 어둡고 침침하고 눅눅한 우리 영혼 저 구석진 곳까지 온기로 채워 줄 것입니다.

윤형주 장로 온누리교회

새봄이 오고 있습니다. 지난겨울의 두터운 동토를 뚫고 기지개를 켜는 새 생명을 마주하며, 우리는 회복과 성장의 탄력성으로 움트는 생명의 무한한 가능성을 발견하고 그 신비로움에 감탄합니다. 그리고 무릇 살아 있는 모든 생명체의 근원에는 이 신비로운 성장 탄력성이 깃들여 있음에 새삼 경이로움을 느끼게 됩니다.

친애하는 이정환 목사님의 책 「연약함이 건네는 위로」 속에서도 그러한 생명의 회복력을 발견하게 됩니다. 이 한 권의 책 안에서 우리는 트라우마의 두터운 방어벽을 뚫고 만들어지는 삶의 이야기들과 생명의 움트는 신호들, 그리고 영혼의 어둠의 골짜기를 건너온 자의 삶에 대한 애정과 눈물의 흔적을 발견합니다. 특히 육신의 아픔과 고통을 견뎌내며 하나님이 주신 사명의 현장에서 상처 입은 치유자로서의 사명에 혼신을 다하는 이정환 목사님의 생생한 신앙과 목회현장의 돌봄의 이야기를 감사와 경이로움을 가지고 읽게 됩니다.

이 책은 평범한 삶의 이야기를 담은 책이 아니라, 하나님의 연단의 연금술을 통과한 자의 간증이며, 삶의 숭고함에 대한 증언이 담긴 생명의 책이라 할 수 있습니다. 차마 꿈조차 꿀 수 없는 아픔과 어둠 속에 있는 모든 이에게 이 책에 담긴 메시지가 삶의 빛줄기이자, 생명의 활력소가 되어 줄 것이라 굳게 믿으며 기꺼이 이 책을 추천합니다.

정석환 교수 전 연세대 연합신학대학원 학장, 현 연세대학교 상담코칭학 교수

늘 따뜻하고 즐거운 이야기로 주변의 사람들을 기쁘게 하는 목사님의 한쪽 눈이 실명되었다는 소식을 들으면서, 어떻게 목사님은 그런 큰 고통 속에서도 마음의 평정을 잃지 않고 주어진 사역을

잘 감당할 수 있으셨을까 하는 의문이 있었습니다. 그러다 목사님의 책 「연약함이 건네는 위로」를 읽으면서 그 궁금증이 풀어졌고, 더 나아가 저 자신도 위로와 치유를 받는 귀한 경험을 하게 되었습니다.

이 책은 우리 모두가 연약한 존재이고, 성경에 나오는 위대한 인물들 역시 연약함이 많은 사람들이었음을 알려 줍니다. 그리고 그 연약함은 실패나 패배가 아니라 주님의 강함을 덧입는 자리이며, 강함으로 만지시는 하나님의 사랑의 자리라는 교훈을 여러 상담의 경험과 성경의 묵상, 지식과 지혜로 풀어가고 있습니다. 본인의 고통과 시련의 경험, 내적치유와 상담을 통한 균형 잡힌 시각으로 성경의 인물들을 소개하고 분석하고 적용하는 목사님의 글은 재미도 있고, 공감도 있고, 깨달음도 있고, 무엇보다 하나님의 사랑을 느끼게 해 줍니다.

저도 어릴 때부터 사람들과의 비교 속에서 움츠러들었고, 낮은 자존감과 상처 속에서 힘들어했습니다. 많은 탁월한 사역자들 속에서 부족함을 만회하려고 노력해도 해결되지 않는 좌절과 절망이 있었는데, 그 연약함을 통해 하나님을 만나고 의지하며, 하나님의 사람으로 세워져 갔다는 것을 알게 되었습니다. 모쪼록 사랑하는 목사님의 귀한 책이 연약함으로 고민하고 괴로워하는 많은 분들에게 읽히고 나누어져서 하나님의 사랑과 섭리와 은혜를 경험할 수 있게 되기를 기도합니다.

박종길 목사 서빙고 온누리교회 담당

이정환 목사님의 「연약함이 건네는 위로」는 자전적인 고백이자, 치유의 책입니다. 목회자요, 상담가로서 성실하게 섬기며 보람을 느끼던 어느 날, 한쪽 눈이 실명하는 아픔을 통해 저자는 삶과 신앙을 돌이켜 보게 됩니다. 그리고 자신의 연약함 속에서 다시금 신앙과 인생의 본질을 깨닫고 하나님께 재헌신하며 사람들을 더욱 깊이 위로하는 위로자로 거듭나게 됩니다.

인간은 거대 문명 앞에 연약할 수밖에 없고 지존자 앞에 절대적 약자일 수밖에 없는 존재입니다. 그러다 보니 신앙생활을 하면서도 연약함으로 인해 자괴감에 빠지고 절망하는 이들이 많습니다. 반대로 연약함을 혐오하며 극복의 대상으로 삼는 이들도 있습니다. 그러나 우리는 하나님의 자녀이기에, 심리적 방어기제들을 내려놓고 하나님 앞에 정직하게 연약함을 인정하고 고백한다면, 그분은 우리의 연약함을 위로하실 뿐 아니라 오히려 그분의 강하심으로 채우셔서 반전 인생을 살게 하실 것입니다.

저자는 이 책을 통해서 성경에 등장하는 연약한 인물들을 조명하고, 하나님께 의지하는 사람을 그분이 얼마나 놀랍게 회복시키시는지를 보여 줍니다. 우리의 연약함을 강함으로 바꾸시고 우리의 약점을 강점으로 바꾸시는 하나님! 하나님의 구원은 개념이 아니라 실제입니다. 이 책을 통하여 내면 깊은 곳을 만지시는 주님의 사랑의 손길을 경험해 보시기 바랍니다.

이상준 목사 양재온누리교회 담당

연약함이란 회복으로 향하는 영성입니다. 내 자신의 연약함을 인정하고 발견할 때 하나님의 능력을 받을 수 있고, 약함의 자리에서 진정한 회복이 시작되기 때문입니다. 그래서 연약함이란 하나님에게 이르는 영성이라고 할 수 있습니다. 성경을 보면 하나님께서 당신의 사랑하는 사람들을 연약하게 만들어서 사용하시는 것을 볼 수 있습니다. 예수님도 가장 약한 모습으로 이 세상에 오셔서 가장 영광스러운 사역을 감당하셨습니다. 이정환 목사님은 오랫동안 마음이 연약한 사람들과 정신적으로 고통받는 사람들을 위하여 "우는 자들과 함께 울라"라는 말씀을 몸소 실천하며 섬기셨습니다. 자신의 연약함을 스스로 고백하며 써 내려간 목사님의 글은 상처받은 사람들의 마음을 위로하며, 연약한 상황 가운데 있는 사람들의 마음을 치유할 것입니다. 회복의 여정 가운데 있는 모든 분에게 이 책을 추천합니다.

이기원 목사 온누리교회회복사역 본부장

'어떤 책이냐'보다 중요한 것은 '누가 썼느냐'입니다. 이정환 목사님은 모래알을 품은 조개가 영롱한 진주를 만들어 내듯이, 자신이 겪었던 인생의 가시와 연약함을 통해 '위로'라는 특별한 하나님의 선물을 우리에게 내놓으셨습니다. 이 책을 통하여 연약함으로 고통스러워하고 지쳐 있는 우리 모두가 위로라는 특별한 하나님의 은혜를 맛보게 되기를 소원하며, 귀한 책을 성심을 다해 추천합니다.

김평래 목사 광장교회 담임

모든 사람은 각자의 '연약함'을 가지고 살아가지만 세상은 그 '연약함'을 실패라 부르며 손가락질합니다. 삶 속에서 그 '연약함'으로 인해 괴로워하고, 두려워하며, 감추려 애쓰는 영혼들에게 성경은 그 '연약함'을 축복이라고 이야기합니다.
목사님은 한쪽 눈 실명이라는 큰 어려움을 겪으셨습니다. 그러나 그 가운데에서도 변함없는 사랑으로 많은 성도들을 돌보시고, 각자의 연약함을 통해 주님의 은혜와 권능을 사모하는 믿음의 용사로 성장하도록 돕는 사역을 열심히 감당하고 계십니다.

목사님이 평소 말씀하시는 "연약함은 실패가 아니라 주님의 강함을 덧입는 통로이며, 나의 삶을 짓밟는 불행이 아니라 하나님의 손길을 경험할 수 있는 축복이다"라는 선포는 상처와 연약함을 가진 저의 마음에도 큰 위로가 되었습니다.

이 책에서는 우리 각자가 왜 이렇게 연약한 존재일 수밖에 없는지에 대하여 답을 제시합니다. 그리고 삭개오부터 요나에 이르기까지 성경에 나오는 인물들이 가진 연약함은 어떤 것이었는지 성경적으로 해석하며, 연약함이 왜 축복인지에 대해 이야기하고 있습니다.

이 책은 '연약함'으로 사방이 막혀 길을 잃고 방황하는 모든 영혼들이 행복하고 풍요로운 삶을 위한 올바른 기준과 방향을 설정할 수 있도록 도움을 줄 것입니다. 또한 행복하게 살기 원하는 모든 연약한 영혼들에게 하늘의 문을 열어 은혜의 빛줄기를 내려 주는 귀중한 삶의 지침서가 될 것입니다.

이상도 대표 남도경영 컨설팅

차례

추천의 글
프롤로그

Part1 나는 왜 이렇게 연약할까?	01 우리는 모두 연약하다	23
	02 이 세상에서 약자로 살아간다는 것	29
	03 두려움에 사로잡힌 어린 양들	35
	04 그들도 우리처럼 연약했다	43

Part2 성경 속 인물들의 연약함	01 나 잘난 삭개오	51
	02 겉과 속이 다른 부부, 아나니아와 삽비라	65
	03 교만한 바리새인	75
	04 겁쟁이 베드로	87
	05 나태한 다윗	103
	06 절망에 빠진 욥	111
	07 자존감이 낮은 기드온	121

	08 상처투성이 바디매오	131
	09 정욕에 매달린 삼손	141
	10 감정적인 사울	151
	11 분노를 참지 못한 가인	163
	12 화병 난 캔디 여인, 사라	173
	13 양심이 굳은 홉니와 비느하스	185
	14 기회주의자 시므이	197
	15 결정하지 못하는 빌라도	209
	16 쉽게만 살고픈 야곱	221
	17 제멋대로 요나	231
Part3 **연약해도 괜찮아**	01 약함을 채워 주시는 하나님	243
	02 약점이 곧 강점이다	255
	03 연약함으로 회복되다	265
	04 약자와 함께하는 마음	271
	05 연약함으로 삶은 완성된다	281

| 프롤로그 |

연약함이 나를 찾아왔을 때

몇 해 전, 나는 가장 행복했던 순간에 한쪽 눈의 시력을 잃었다. 당시는 오랫동안 준비해 왔던 첫 책을 발간하여 한창 바쁘게 강의를 하던 중이었다. 좀 더 많은 분에게 더 좋은 메시지를 전하고 싶었던지라 일 분 일 초가 아쉬웠던 그때, 시력에 조금씩 이상이 생기기 시작했다. 처음에는 그저 세월이 지남에 따라 찾아오는 자연스러운 노안 증상인 줄로만 알았다. 그런데 어느 날부터인가 갑자기 사물이 멀리, 그리고 좁게 보였다. 예사로운 증상이 아닌 것 같아 안과 전문의인 장로님에게 급히 전화를 했다.

"장로님, 제가 운전 중에 갑자기 한쪽 눈이 안 보여서요."

"목사님, 상태가 심각한 것 같으니 응급 입원을 하시는 게 좋을 것 같습니다."

2주에 걸친 검사 끝에 내게 내려진 병명은 왼쪽 '시신경 염증'이었다. 이는 염증이 망막을 덮어 생긴 증상으로 치료만 잘 받으면 다시 정상적으로 회복될 수 있다고 했다. 나는 그간 너무 바쁘게만 달려온 내게 하나님께서 주신 휴식이라 생각하며 긍정적으로 치료에 전념하기로 했다. 그러나 기대와 달리 상태는 조금도 나아지지 않았고, 결국 시력은 끝내 돌아오지 않았다. 주치의가 '영구 실명'을 선고하던 날, 아내와 나는 다리에 힘이 풀려 주저앉고 말았다.

본래 인간의 삶이란 것이 한 치 앞조차 예측하기 어려운 것임을, 그렇기 때문에 늘 하나님의 소명을 잊지 말아야 함을 가슴속에 새겨 두며 살아왔으나, 막상 눈앞에 컴컴한 어두움이 내려앉자 두려움이 찾아왔다. 보이지 않는다는 답답함 때문에 몸과 마음이 많이 위축되었고, 밤이 되면 낮의 갑갑함이 고스란히 몰려왔다. 또한 아이들과의 여가 시간에도 많은 변화가 생겼다. 평소 아이들과 캐치볼을 하곤 했는데, 눈이 보이지 않으니 그 작은 공 하나를 주고받는 것마저도 힘에 부치는 일이 되고 만 것이다. 너무나 당연했던 일상에 조금씩 균열이 생겨나자, 내 마음 깊은 곳에도 조금씩 '연약함'이 움트기 시작했다.

그러던 어느 날이었다. 잠을 자고 있는데 누군가 내 눈에 손을 가만히 얹고 기도를 해 주기 시작했다. '누굴까?' 당장이라도 눈을 뜨고 상대를 확인하려는 그때, 직감적으로 느껴지는 것이 있었다. 예수님께서 나를 위해 기도하고 계셨던 것이다. 꿈에서 깨어난 후에도 따뜻하고 포근한 기운이 오랫동안 내 안에 감돌았다. 분명 그분은 주님이셨으리라.

그 꿈을 꾸고 난 후 나의 지난 삶을 되돌아보았다. 그동안 주님 없이 사역한 것은 아닌지, 내 명성이 더욱 높아지기를 내심 욕심냈던 것은 아니었는지를 말이다. 주님을 위해 분주하게 뛰었다고는 하지만, 목적과 방향을 모른 채 그저 열심만 내었던 지난 일에 대한 부끄러움이 몰려왔고, 동시에 하나님의 깊은 뜻을 헤아려 볼 수 있었다.

그래서 나는 다시 가난한 마음을 갖기로 했다. 작은 일에 감사하는 마음을 새삼 깨닫게 되었고, 만나는 모든 이에게 최선을 다하고자 노력했으며, 주어진 사역에 뚜렷한 목적을 가지고 정진했다. 그리고 주님 없이 살아왔던 삶을 회개하고 또 회개했다.

그러자 영적으로도, 육체적으로도 많은 변화가 생겨났다. 일기 쓰기와 기도를 통해 주님과 친밀한 교제를 시행하자, 오히려 실명 전보다 훨씬 더 영적으로 맑아진 윤택한 생활을 누리게 된 것이다. 분명 이전보다 생활은 불편하고 답답해진 것은 사실이다. 하지만 삶의 본질은 더욱 풍성해지고 귀중해졌다. 이렇게 의욕적으로 살 수 있게 된 이유는 모순적이게도 내 안에 움튼 '연약함' 때문이었다. 고난으로 인해 마음이 가난해지고 나서야 주님께 다시금 손을 내밀게 되었고, 그로써 그분의 강함을 다시금 덧입을 수 있었던 것이다.

여자에게 하나님께서 말씀하셨습니다. "내가 네게 임신의 수고로움을 크게 더할 것이니 네가 괴로움 속에서 자식을 낳을 것이다. 너는 남편을 지배하려 하나 그가 너를 다스릴 것이다." 아담에게 하나님께서 말씀하셨습니다. "네가 네 아내의 말을 듣고 내가 네게 명령해 '먹지 마라'라고 말한 나무의 열매를 먹었으니 너 때문에 땅이 저주를 받을 것이다. 네가 일평생 수고해야 땅에서 나는 것을 먹을 것이다. 땅은 네게 가시덤불과 엉겅퀴를 내고 너는 밭의 식물을 먹을 것이다. 네가 흙에서 취해졌으니 흙으로 돌아갈 때까지 네 얼굴에 땀이 흘러야 네가 음식을 먹을 것이다. 너는 흙이니 흙으로 돌아갈 것이다."_창 3:16-19, 우리말성경

성경에 따르면 인간의 연약함은 아주 오래 전 에덴동산에서부터 시작되었다. 원죄를 짓고 하나님과 분리되고 나자 인간은 수고하고 애써야만 살아갈 수 있는 현실에 놓이게 되었다. 늘 고난 앞에 연약해질 수밖에 없는 존재, 연약함을 극복하기 위해 필사적으로 하나님을 찾아야만 하는 존재가 된 것이다.

그렇기에 우리는 연약해짐으로써 복을 받는다. 연약한 모습으로 주님을 찾을 때 하늘에서 부어지는 은혜를 받을 수 있다. 성경 속 인물들도 우리처럼 나약했다. 하지만 그들이

곤경에 빠져 하나님을 찾을 때마다, 하나님은 그들에게 지혜로운 힘을 주시고 돕는 손길을 보내 주셨다. 따라서 연약함은 실패가 아니라 주님의 강함을 덧입는 자리다. 연약한 시기를 지나야 더 강해질 수 있다. '연약함'은 나의 삶을 짓밟는 불행이 아니라, 하나님께 주목받고 그분의 손길을 경험할 수 있는 축복이다. 만약 내게 시련이 없었다면 이토록 삶이 귀중하고도 값진 것인지를 새삼 깨달을 수 있었을까?

그리하여 나는 생각지도 못했던 시련을 겪으면서 온몸으로 배운 '연약함의 축복과 위로'를 나누고 싶어 이 책을 집필했다. 어두운 곳에 처음 들어가면 앞이 캄캄해 아무것도 보이지 않지만, 그 어두움을 받아들이다 보면 천천히 눈앞에 사물들이 새롭게 보인다. 연약함 또한 그렇다. 그것은 우리를 작은 어두움 속에 가둬 놓지만, 오히려 우리는 그 어두움을 통해 새로운 진리를 깨닫게 된다.

성경 속 인물들도 그랬다. 그들도 한때 자신의 연약함 때문에 어둠 속에 갇혔지만 결국 주님이라는 한 줄기 빛을 통해 밝음으로 다시 나왔다. 나는 이 책이 그 한 줄기 빛이 되기를, 그래서 자신의 연약함 때문에 자책하고 고군분투하는 모든 분들에게 조금이나마 작은 위로가 되기를, 또 그들이 연약함을 극복하도록 도와주는 길잡이가 되기를 진심으로 소망한다.

끝으로 감사의 마음을 전하고 싶다. 연약한 나를 당신의 종으로 부르셔서 귀한 사명을 감당하게 하신 하나님께 감사를 올려 드린다. 그리고 늘 영적 가르침과 큰 사랑을 주시는 온누리교회 이재훈 담임 목사님께 감사를 드린다. 또한 이 책을 위해 수고해 주신 토기장이 출판사에 감사드린다. 마지막으로 믿음의 유산을 주신 어머님과 연약한 나를 사랑해 주고 응원해 주는 아내와 두 아들 주원이, 주안이에게 감사의 마음을 전한다.

2019년 봄 우면산 자락에서
이정환 목사

연약함이 건네는 위로

Part. 1

나는 왜 이렇게
연약할까?

/ 01 /

우리는 모두 연약하다

'연약함'이라는 말은 사전적 정의로 '무르고 약한 것'을 뜻한다. 연약함은 히브리어로는 '할라쉬'(חלשׁה), 헬라어로는 '아스데네이아'(ἀσθενεια)라고 한다. '아스데네이아'는 '스데노스'(σθενος), 즉 '강하게 한다'라는 단어에 부정형 접두어 ἀ가 붙어 만들어졌다(ἀσθενής, ἀσθενεια, ἀσθενέω). 보통 신약에서 '아스데네이아'는 병약함(몸이 병들고 약함)이라는 의미로 가장 많이 사용된다. 신약은 병을 영적 과정이나 죄의 처벌, 두 가지 관점으로 본다. 비유적으로는 무기력을 뜻하기도 하고, 때로는 사도행전에서처럼 가난을 암시하기도 한다.

안타깝게도 현대 사회에서는 이 '연약함'을 경멸의 대상으로 생각한다. 서로 먹고 먹히는 먹이사슬 구조인 이 세상에서는 강한 것이 곧 선(good)이자 진리인 것처럼 여겨지기 때문이다. 그래서 연약한 자들은 늘 고통받는다. 그들을 고통스럽게 만드는 것에는 여타의 다양한 원인들도 있겠지만, 가장 큰 이유는 자신이 스스로를 사랑할 수 없다는 것에 있다. 연약한 사람들은 다른 누군가가 아니라 자기 자신에게 화를 내는 경우가 많다. 다른 사람들은 모두 다 잘 지내는 것 같은데 왜 나만 이렇게 연약하여 고통스러운지 생각하다 보면 스스로가 한심하게 여겨지고 자괴감에 빠지게 된다. 점점 더 깊은 연약함의 굴레에 빠져들어 도저히 자신을 사랑할 수가 없게 되는 것이다. 하지만 정말 강한 사람만 이 세상에서 살아남을 수 있는 것일까? 강한 자는 늘 강하고, 약한 자는 늘 약한 것일까? 강한 사람과 약한 사람의 차이는 어디에서 비롯되는 것이며, 강하다는 것과 연약하다는 것은 과연 무엇일까?

아주 오래 전, 독일에 매우 똑똑하고 총명한 소년이 있었다. 어느 날 소년은 사랑하는 엄마가 다른 남자와 부정을 저지르는 장면을 목격하고 말았다. 소년은 큰 충격을 받았고, 가정은 산산조각이 났다. 엄마와 불륜을 맺은 상대 남자가 유대인이었기에, 소년은 늘 유대인을 향한 미움과 복수심에 이를 갈았다. 상처를 극복하지 못한 소년은 전 세계를 경악케 하는 인물로 성장했다. 그의 이름은 바로 아돌프 히틀러였다.

과거의 상처는 이렇게 한 사람의 삶, 더 나아가 수많은 사람의 삶을 파괴하고도 남을 위력을 가지고 있다. 만일 그날 소년의 엄마가 한눈을 팔지 않았다면, 혹은 그 대상이 유대인이 아니었다면, 어쩌면 독일은 전범 국가의 오명을 피할 수 있었을지도 모른다. 어린 시절의 트라우마는 그를 세상에서 가장 강한 사람으로 이끌었지만, 그의 깊은 내면에는 어머니의 부정으로 인해 상처받았던 작은 어린 소년이 있었다. 그 누구도 그의 가슴속에 있는 '연약함'에 귀 기울여 주지도, 돌봐 주지도 않았기에, 그는 세계를 냉전에 빠트린 폭군이 되고 말았다. 겉으로 보기에 그는 세상에서 가장 강력한 사람이었을지 모르나, 아마도 그의 내면은 누구보다 연약하고 황폐해져 있었을 것이다.

역사책을 보다 보면, 전 세계를 호령해 온 '강한 자'들이 서 있던 자리에 늘 '연약함'이라는 어두운 그림자가 함께하고 있음을 확인할 수 있다. 대제국을 거느리던 알렉산드로스는 배짱과 자신감이 높은 사내였고, 이집트에서 신탁을 받은 후에는 자신을 신이라 믿을 정도로 자기애가 강한 사람이었다. 그러나 인도에서 벌어진 전쟁에서 패배해 회군할 때 자신이 흘린 피를 보고는 "이것은 신의 피가 아니라 인간의 피구나" 하며 슬퍼했으며, 이후 자신이 충동적으로 저질렀던 몇 가지 과오 때문에 말년에는 스스로의 삶을 외롭게 만들고 말았다.

반면 프랑스의 황제였던 나폴레옹은 달랐다. 물론 그도 자신의 '연약함' 탓에 고통을 받았다. 하급 귀족의 자식이었던 그는 어린 시절 다녔던 사관학교에서 촌뜨기라고 놀림당하며 괴로운 유년기를 보냈다. 심지어 체구가 작고 가난하기까지 해서 누구도 그를 존중해 주지 않고 무시했다. 그러나 그는 자신의 출생 신분과 체력적 약점 속에서 '전략'과 '정치'라는 새로운 강점을 찾아내 두각을 나타내기 시작했다. 만약 그가 자신의 연약함에 좌절하고만 있었다면, 자신에게 어떤 강점이 있는지 평생 찾아내지 못했을 것이고, 우리가 아는 '키 작은 거인' 나폴레옹 또한 역사책에 존재하지 않았을 것이다.

이처럼 연약함은 누구에게나 있다. 세상을 호령한 강한 카리스마를 가진 사람들 또한 강함 속에서 약함을 드러내기도 하고, 약함 속에서 강함을 드러내기도 했다. 하지만 강함에는 수명이 있고, 그것은 결국 약함으로 귀결되는 경우가 많다. 성능 좋은 건전지처럼 처음에는 그 힘이 세고 오래갈 것 같지만, 일정한 시간이 흐르면 힘을 잃게 되고 마는 것이다. 이는 불사이군(不事二君, 두 임금을 섬기지 아니함)의 충절을 지킨 고려 말 길재 선생이 옛 도읍지를 돌아보며 읊었던 시조를 통해서도 알 수 있다.

오백년 도읍지를 필마로 돌아드니

산천은 의구한데 인걸은 간데없네

어즈버 태평년월이 꿈이런가 하노라

고려의 멸망을 지켜보며 느꼈던 허무함을 노래한 것이다. 성경에도 이와 비슷한 구절이 나온다.

자, 이제 오늘이나 내일 어느 도시에 가서 1년 동안 지내며 돈을 벌겠다고 말하는 사람들이여, 여러분은 내일 무슨 일이 일어날지 모르며 여러분의 생명이 무엇인지 알지 못합니다. 여러분은 잠깐 있다 없어지는 안개입니다. _약 4:13-14, 우리말 성경

우리의 연수가 칠십이요 강건하면 팔십이라도 그 연수의 자랑은 수고와 슬픔뿐이요 신속히 가니 우리가 날아가나이다. _시 90:10

그러므로 모든 육체는 풀과 같고 그 모든 영광은 풀의 꽃과 같으니 풀은 마르고 꽃은 떨어지되. _벧전 1:24

인간의 삶은 유한하기 때문에 이승에서의 강함은 다 무익하다는 구절들이다. 성경의 말씀처럼 우리는 한 치 앞조차

알지 못하는 안개와도 같은 존재다. 그렇기에 우리는 모두 연약함이라는 숙명을 지니며 살아가고 있는 것이다.

우리는 모두 연약하다. 하지만 그것을 어떻게 받아들이느냐에 따라 삶은 전혀 다른 길로 뻗어 나간다. 이 세계를 한 손에 움켜쥐며 세상을 호령했던 자들이 자신의 연약함 때문에 시련을 겪기도 하고, 세상에서 가장 약하다고 여겨졌던 사람이 자신의 연약함을 극복하여 새로운 역사를 쓰기도 하는 것이다. 그래서 우리는 '연약함'이라는 어둠 속을 어떻게 헤쳐 나가야 할지 늘 고민해야 한다. 그 어둠 속에 그대로 잠식되어서도, 외면해서도 안 된다.

02

이 세상에서 약자로
살아간다는 것

　모든 것이 '돈'으로 해결될 것만 같은 자본주의 사회 속에서 경제적인 결핍 상태에 놓인다는 것은 매우 치명적인 약점으로 여겨진다. 지난 2007년에 출간된 책 「88만원 세대」(레디앙)에서 처음 쓰인 '88만원 세대'라는 용어는 '돈'으로 인해 고통받는 경제적 약자들을 가리키는 단어다. 그 책의 저자 우석훈은 "20대 중상위 5% 정도만이 5급 사무원 이상의 단단한 직장을 가질 수 있고, 나머지는 평균 임금 88만 원 정도를 받는 비정규직 삶을 살게 될 것"이라고 썼다.

　그의 주장을 증명이라도 하듯 이 책은 상당히 많은 이들의 공감을 샀다. 요즘은 더 나아가 부모의 재력을 수저의 재료에 빗댄 '수저계급론'이 새롭게 나타났다. 이 단어는 경제적 불평등을 희화화한 단어로, 서양 속담 "은수저 물고 태어나다(born with a silver spoon in one's mouth)"라는 말을 패러디한 것이다. 수저계급론에 따르면 부모가 돈이 많은 아이는 '금수 저'이고, 부모가 돈이 없는 아이는 '흙수저'다. 이에 구체적인 기준도 제시되고 있다. 자산 20억 원 또는 가구 연 수입 2억 원 이상은 '금수저', 자산 10억 원 또는 가구 연 수입 1억 원 이상은 '은수저', 자산 5억 원 이상 또는 가구 연 수입 5,500만 원 이상은 '동수저', 자산 5,000만 원 미만 또는 가구 연 수입 2,000만 원 미만은 '흙수저'라는 식이다.

대다수의 흙수저는 경제적인 어려움을 겪고, 삶의 질 때문에 고통받으며, 희망이 보이지 않는 절망감을 느낀다. 그래서 흙수저는 아무리 열심히 노력해도 일정 수준 이상 올라가지 않는 현실의 삶에 매우 힘들어한다.

청년들만 어려운 것은 아니다. 노년층도 어렵다. 통계에 의하면 대한민국 노인 10만 명 중 80명이 자살을 택한다. 이는 유례없이 높은 노년 자살률로 OECD 국가 중에는 1위이고, 초고령 사회로 알려진 일본의 노년 자살률(10만 명 중 30명)보다도 높은 수치다. 젊어서 번 돈은 자녀를 양육하고 결혼시키는 데 다 쏟아붓고, 정작 본인의 노후는 준비하지 못하는 경우가 대다수다. 평균수명은 늘어났는데 퇴직 후 재취업은 힘드니 삶이 빈곤해질 수밖에 없다.

몇 해 전, 긍휼 사역을 섬기기 위해 서울역 노숙인들과 남대문 쪽방촌 어르신들을 만난 적이 있다. 서울역 노숙인들은 추위를 녹이고 허기를 채우기 위해 예배당을 찾았다. 그들도 과거에는 행복한 가정을 꾸리던 한 사람의 가장으로서 사회적, 경제적 활동도 활발히 해 오던 이들이었다. 그러나 한 번의 실수 때문에 삶의 모든 것이 무너지고 말았고, 결국 차디찬 거리로 내몰리게 된 것이었다. 예배당을 찾아온 이들은 교회의 따뜻한 환대에 감사를 표하면서, "밥을 굶고 사람들에게 모욕당하고 가족들에게 외면당하는 아픔보다 내일이 없는 삶이 가장 고통스럽다"고 말한다. 그 말이 마음속에 깊이 남아 오랫동안 안타까웠던 기억이 있다.

남대문 쪽방촌에서 만났던 어르신들은 대부분 거동이 불편했다. 그들은 1평 남짓 되는 방에 웅크리고 앉아 TV를 벗 삼아 살고 있었다. 허름한 그 방 안에는 어떤 관심도 닿지 않아 조금의 온기조차 없었다. 쪽방촌에는 미장일과 토목 일로 전국을 돌아다녔던 사람, 일평생 건설현장에서 일했던 사람, 작은 고물상을 운영했던 사람 등 누구보다 열심히 살아온 이들이 많았다. 열심히 일했지만 생활은 전혀 나아지지 않았고, 결국 나이가 들어 육체적인 노동이 불가능해지자 이렇게 방 안에 갇혀 죽음만을 기다리게 되었다는 말을 들으면 가슴이 또 아려왔다.

반면 평생 술과 도박을 하며 허랑방탕하게 살다가 홀로 쪽방촌에 다다른 이들도 있었다. 이제 와 누구를 탓할 수는 없지만 가족들로부터 외면당한 상처가 커 보였다. 쪽방촌 이전의 삶의 모습은 저마다 모두 달랐지만, 그들은 전부 가족에게조차 다가갈 수 없을 정도로 고립되어 있었다. 불편한 몸으로 커피를 끓이고 마른 귤을 대접하는 모습 속에서 그들이 얼마나 사람을 그리워했는지 느껴졌다.

물론 '사회적 약자'로 대변되는 모든 이들이 경제적으로 풍요로워진다고 해서 곧바로 연약함이 해소되는 것은 아니다. '연약함'이 곧 경제적 궁핍을 뜻하는 것은 아니기 때문이다. 가진 것이 많아도 정신이 연약하여 마음속이 궁핍한 사람들도 많다. 남부러울 것 없이 윤택하게 살면서도 정신적 공허함이 채워지지 않아 늘 괴롭고 마음이 허약한 것이다.

나는 사역하는 교회에서 상담실을 섬기고 있는데, 생각보다 많은 사람이 이러한 문제 때문에 고통스러워하는 것을 보았다. 그들 중, 예전에 나를 찾아왔던 어린 자매인 경희(이 책을 통해 소개되는 상담자의 이름은 모두 가명이다)의 사례를 소개해 보고자 한다.

상담 첫날 경희 자매는 자신을 이렇게 소개했다.

"동창회에 갔는데 친구들이 다들 행복하게 잘 사는 거예요. 옛날 친구들을 만나면 우울한 감정이 조금은 나아질까 싶어 어렵게 버스를 타고 갔는데, 친구들은 고급승용차를 타고 왔어요. 저보다 공부도 못하고 얼굴도 별로였던 친구가 제일 잘 나가는 사람이 되어서 식사 값을 모두 지불했는데, 제 자신이 비참하게 느껴지더라고요. 그날 이후 이전보다 더 초라해졌고, 이 늪에서 빠져나오고 싶어 상담실을 찾아오게 되었어요."

경희는 자상한 부모님 사이에서 사랑받으며 자랐다. 공부는 물론 예술적으로도 다재다능했고, 명문 고등학교를 거쳐 좋은 대학에 입학했다. 그리고 멋지게 사회에 첫발을 디뎠다. 사회생활을 하다 만나게 된 남편은 경희 자매에게 한눈에 반해 모든 열과 성을 다해 그녀와 결혼하려 애썼다. 주위에서 다 말렸지만, 경희 자매는 목숨이라도 내줄 듯한 남편의 모습에 넘어가고 말았다. 결혼 후 남편은 완전히 다른 사람이 되었다. 늘 경희 자매에게 자격지심을 느꼈고, 행동 하나하나를 못마땅해했다. 대놓고 바람을 피우는가 하면, 적반하장으로 아내를 의심하기 시작했다. 남편의 의처증이 심해지자 경희 자매는 직장을 그만두고 정신과 치료를 받게 되었다.

늘 자신만만했던 여인이 불행한 결혼 생활로 인해 마음의 병을 앓게 된 것이 참으로 안타까웠다. 그 자매는 좋은 음식을 먹고 좋은 옷을 입어도 마음이 편치 않고 더 울적해지기만 할 뿐이라고 했다. 상처 때문에 마음이 다 헐어 아무것도 받아들여지지가 않는다는 것이다.

이처럼 경제적 궁핍을 겪는 사람도, 정신적으로 상처 입은 사람도 모두 다 똑같은 약자다. 마음이 연약해진 사람들은 대부분 혼자 방 안에 숨어 웅크리고 있다가 서서히 잊히거나, 강자에게 짓밟혀 고통을 겪거나, 혹은 어설프게 이를 해결해 보려 나섰다가 더 큰 시련에 빠져 실패하고 만다. 그렇기에 우리는 연약함을 어떻게 헤쳐 나가야 할지에 대한 지혜를 갖춰야만 한다. 그리고 그 연약함으로 자기 자신의 삶을 더 다부지게 통찰해야만 한다.

03

두려움에 사로잡힌 어린 양들

정신적 여과(mental filtering)는 어떤 상황 중 일부에 주목해 상황 전체를 편협하게 평가하는 인지적 오류다. 부정적인 시각으로 정신적 여과를 하게 되면 부정적인 단서에만 기대 해당 사안을 실패로 여길 수 있다. 긍정적이거나 중립적인 단서는 아예 보지 못한다.

정신적 여과만큼 위험한 게 잘못된 독심술(mind reading)이다. 자존감이 낮은 사람일수록 유독 남의 시선에 예민하다. 본인은 쓸모없는 사람이라고, 남들도 자신을 형편없게 볼 것이라고 으레 단정 지어 버린다. '실력도 없으면서 일만 벌인다고 생각할 거야. 알면 알수록 내가 싫어지겠지'라고 생각하며 다가오는 사람도 밀어낸다. 마치 본인이 타인의 생각을 정확하게 읽을 수 있다고 착각하는 듯하다. 사실 사람들은 그렇게 생각하고 있지 않은데도 말이다.

과잉 일반화(overgeneralization)도 사람을 쉽게 부정적으로 만든다. 과잉 일반화란 한두 번의 경험으로부터 일반적인 결론을 도출해 삶의 전반에 확대 적용하는 사고방식이다. 몇 번 시도해 보지도 않고 '내가 해 봤는데 그건 안 될 일이야'라고 결론짓는 식이다.

나를 찾아왔던 상담자 중 이와 같은 경우에 속했던 자매가 있다. 하연 자매는 결혼 후 남편과 시어머니의 사랑을 받기 위해 혼신의 힘을 다했다. 까다로운 시어머니의 비위를 맞추기 위해 밤낮없이 시중을 들었고, 남편의 마음을 붙잡기 위해 없는 애교까지 발휘했다. 결혼 초반에는 모든 게 순조로운 듯 보였지만, 행복은 그리 길지 않았다. 술과 유흥에 빠진 남편이 가정을 전혀 돌보지 않고 바람을 피웠던 것이다. 어릴 적 부모에게서 충분한 사랑을 못 받고 자란 그녀에게 남편의 외도는 큰 충격이었다. 안 그래도 낮았던 자존감이 남편의 배신으로 더욱 낮아졌고, 결국 그녀는 '세상 사람들은 전부 다 나를 미워한다'고 생각하게 되었다. 가까운 사람들에게서 받은 상처 때문에 주변을 모두 오해하게 되는 '과잉 일반화'에 빠진 것이다.

이처럼 부정적인 사람은 쉽게 두려움에 휩싸인다. 사실, 저마다 정도만 다를 뿐 두려움에서 완전히 자유로울 수 있는 사람은 없다. 미래에 대한 두려움, 사람에 대한 두려움, 재산에 대한 두려움이 늘 공기처럼 도사리고 있다. 예측 불가능한 삶 속에서 우리는 호흡하듯 두려움을 들이마신다. 그래서 유리 같은 우리 영혼은 갖가지 상황에서 받은 상처로 인해 점점 병들어 가는 것이다.

해소되지 못한 두려움은 점점 부풀어 극단적으로 표출되기도 한다. 대표적인 예가 공황장애다. 공황장애는 뚜렷한 이유도 없이 갑자기 극도의 답답함을 느끼는 불안장애다. 심장 박동이 빨라지고, 호흡 곤란이 오며, 심한 경우 기절할 수도 있다. 대부분의 공황장애 환자들은 호흡 곤란을 호소하며 응급실을 찾는다. 하지만 이를 정신 질환이라고 생각하지 못해 여러 병원만 전전하다 치료가 늦어지는 경우가 많다.

하루는 잘생기고 훤칠한 내담자가 상담을 받기 위해 찾아왔다. 그런데 그는 상담실에 들어서자마자 불편한 기색을 보였다. 처음에는 취향이 세련된 사람이라 상담실 인테리어가 마음에 안 들어서 그런 줄 알았다. 그런데 그게 아니었다. 그는 공황장애를 앓고 있었다. 낯선 곳에 들어와 습관적으로 경계태세를 취하느라 두리번거리며 불안해했던 것이다. 그는 상담 중에 잠시 나갔다 오겠다며 황급히 문을 박차고 뛰쳐나간 적도 있다.

그 시작이 어디든, 부정적인 감정은 사람을 위축시키고, 불안하게 하고, 불행하게 한다. 또한 좌절하게 하고, 무기력하게 하고, 우울하게 한다. 극단적인 경우, 다시 일어나지 못하도록 만들기도 한다. 하지만 살면서 늘 좋은 일만 있을 수는 없기에, 우리는 부정적인 감정을 잘 다스리며 살아가야 한다. 물론 사납게 널뛰는 마음을 관리하는 것은 맹수를 조련하는 것만큼 까다롭다. 가방끈이 길다고 되는 일도 아니고 돈이 많다고 되는 일도 아니다.

사람마다 두려움을 극복하는 각자의 방식이 있다. 대부분 상처받은 이들은 자신이 안전하다고 생각하는 곳에 몸을 숨기려 한다. 그러나 몸을 숨기고 외부를 차단해 버리면 당장은 힘이 덜 들고 나아지는 것처럼 생각될지 몰라도 결과적으로는 정신건강에 해로운 영향을 끼친다. 외부환경을 차단하면 순간 마음속은 잠잠해질 수 있겠지만, 사람은 본디 사회적 동물이라 영원히 혼자만의 세계 속에 있을 수는 없기에 결국에는 우울한 감정에 더 깊이 사로잡히게 되는 것이다.

나를 찾아왔던 또 다른 내담자, 상훈 형제는 학창시절 내내 유망주였다. 우수한 성적으로 명문대를 졸업한 후 국내 최고 대기업의 반도체 연구원으로 당당히 입사했다. 그는 늘 마음먹은 대로 인생이 풀려왔기 때문에 콧대가 높았다. 그런데 회사에 입사해 조직 생활을 하다 보니 점점 예상치 못한 부작용이 나타나기 시작했다.

처음에 그는 실력을 인정받았으나 겸손하지 못했다. 모

든 사람이 다 자신의 의견을 수긍해야 한다고 생각했기 때문에 다른 사람의 말에 귀를 기울일 줄 몰랐다. 그러다 보니 동료들과 선임들의 눈에 밉보여 사람들과 점점 멀어졌다. '똑똑하지만 사회성이 결여된 사람'으로 낙인찍혀 소위 왕따가 되고 만 것이다.

시간이 지나면 나아지리라 생각했지만, 관계는 점점 더 멀어졌고 그만큼 오해는 더욱 쌓여만 갔다. 이제 그는 회사에 출근하는 것이 마치 지옥 불에 들어가는 것만 같았다. 난생처음 맛보는 절망감에 창피해서 어딘가로 숨고 싶었다. 결국 그가 택한 것은 퇴사였다. 남들이 부러워하던 직장을 그만두고 남의 시선을 걱정할 필요 없는 자신의 방으로 들어갔다. 그러다 뒤늦게 상담실을 찾아왔는데, 그 용기를 내기까지 수개월이 걸렸다고 했다.

조금 늦었지만, 그래도 자신만의 공간에서 탈출해 나를 찾아올 용기를 내 준 상훈 형제가 고마웠다. 상훈 형제뿐 아니라 다른 내담자들도 이런 경우가 많다. 그들도 처음에는 방 안에 숨어 보지만 그것이 능사가 아님을 깨닫고 결국 구호 신청을 한다. 힘들고, 무섭고, 걱정되는 마음은 누군가에게 호소하는 것만으로도 어느 정도 가라앉을 수 있다. 어두운 숲에 들어갈 때 누군가의 손을 붙잡고 함께 가면 두려움이 조금 사그라지는 것처럼, 우리 삶도 그렇다. 함께 이겨 낼 상대가 있으면 두려움은 상대적으로 작아진다.

많은 이들을 상담하고 있지만, 나 또한 사람이기에 내게도 두려운 것이 있다. 바로 비행기다. 고소공포증과 폐쇄공포증이 있는 탓에 비행기를 타는 것은 늘 두렵고 떨리는 일이다. 그래서 공항에 도착해 비행기 티켓을 끊는 순간부터 기도를 하기 시작한다. 하지만 막상 기내에 들어가면 매일 드리는 기도조차 떠오르지 않을 정도로 두려움에 휩싸인다. 수백 명의 승객이 같이 탑승해 있지만, 이 공포감은 철저히 홀로 견뎌야 한다. 선교를 하기 위해서는 해외에 가야 하는 경우가 많은데, 이렇게 두려운 마음을 가슴속에 품고 있다 보니 잔뜩 위축된 상태가 되어 현지에서 제 역량을 다 발휘하지 못했던 적도 많았다. 많은 방법을 통해 그 두려움에서 벗어나 보려 했지만, 쉽지 않았다.

그런데 놀랍게도 이 고소공포증은 예상치 못한 때, 예상치 못한 곳에서 쉽게 사그라들었다. 재미있게도 내가 치유되었던 곳은, 그렇게 두려워했던 기내였다. 그날은 한마음 공동체에서 제주도로 아웃리치를 떠나는 날이었다. 비행기를 타는 것이 너무나 두려운 나머지 출국장에서부터 땀을 뻘뻘 흘리고 있는데, 문득 장로님이 내 곁에 다가왔다. 그 장로님은 내가 고소공포증을 앓고 있음을 잘 알고 늘 내 병을 걱정해 주던 분이었다. 기내에서 내 옆자리에 앉은 장로님은 비행기가 이륙하자 내 손을 꼭 잡고는 별안간 비행기와 관련된 재미난 농담을 들려주기 시작했다. 처음 비행기를 탈 때 어떻게 타야 할지 몰라서 신발을 벗고 탄 사람에 대한 에피소드부터 비행기 삼행시까지, 배꼽 잡고 들을 수밖에 없는 장로님의 이야기에 흠뻑 빠져들어 내가 기내에 앉아 있다는 사실까지 잊어버릴 정도였다. 혼자 견뎌야만 할 때는 그토록 괴로웠었는데, 누군가 내 곁에 앉아 나와 이야기를 나눠 주는 것만으로도 공포가 가시고 두려움에서 벗어날 수 있었다.

어쩌면 두려움은 혼자 들기에는 너무나 거대한 바윗덩어리인지도 모른다. 두려움이라는 바위를 혼자서 짊어지려 하면 결국 그 바윗돌에 깔려 숨조차 쉴 수 없는 상태가 되고 마는 것이다. 내 앞에 놓인 바윗덩어리의 크기가 감당할 수 없을 만큼 큰 것은 내 연약함 때문이 아니다. 그저 그 바윗덩어리가 본디부터 내가 감당하기에 너무 컸던 것이다. 그러므로 내가 그 바위를 들지 못하는 것은 정신을 바짝 차리지 않아서도, 마음을 굳게 먹지 않아서도, 두려움에 잠식되어서도 아니다. 내가 연약해서도 아니다. 본래 두려움이란 혼자 헤어 나오기 어려운 것이기 때문이다. 그 무게를 함께 짊어져 줄 누군가가 필요한 것이다. 마음에 상처 입은 사람들이 혼자만의 세상에서 나와 다른 사람에게 구조 요청을 하고 손을 내밀어야 하는 것도 그 때문이다.

나를 짓누르는 바윗돌을 치우기 위해서는 다른 이의 도움이 절대적으로 필요하다는 것을 받아들여야 한다. 그리고 적극적으로 그 바위를 치우기 위해 노력해야 한다. 대다수의 내담자들은 힘들다고 하소연만 하고 방 안으로 다시 돌아가는 것을 반복하여 바위의 무게를 더욱 무겁게 한다. 하지만 결국 그 바위를 치울 수 있는 것은 자신이기에, 자기 스스로 적극적으로 치료를 받고 벗어나겠다는 의지를 발휘해야 한다. 그래야만 나를 짓누르는 많은 것에서 벗어날 수 있다.

04

그들도 우리처럼
연약했다

    우리가 연약하게 된 것은 앞선 삶을 예견하지 못하는 인간의 한계 때문이다. 그리스 신화에 나오는 영웅 아킬레우스의 어머니는 자신의 아들을 영원히 죽지 않는 불멸의 몸으로 만들기 위해 아킬레우스가 태어나자마자 스틱스라는 강물에 집어넣는다. 이 강물에 몸을 담그면 온몸이 갑옷처럼 되어 칼이나 화살을 맞아도 죽지 않는 것이다.

    그런데 어머니가 아킬레우스를 강물에 집어넣을 때 발뒤꿈치를 잡는 바람에 발목 부분은 강물에 적셔지지 않았다. 그래서 아킬레우스는 다른 부위는 칼이나 창에 찔려도 상처가 생기지 않았지만 발뒤꿈치만은 약했다. 결국 아킬레우스는 발뒤꿈치에 화살을 맞고 죽게 되는데, 여기서 나온 말이 '치명적인 약점'이라는 뜻을 가진 '아킬레스건'이다.

    신화 속 아킬레우스처럼 우리는 모두 아킬레스건을 가

지고 있다. 성경 속 인물들도 마찬가지였다. 마태복음 8장 23-27절을 보면 예수님의 제자들이 바다에서 풍랑을 만나 두려움에 휩싸이는 대목이 나온다. 배 안으로 파도가 들이치자 제자들은 이러다 죽을 수도 있겠다며 공포에 떨었다. 유유자적하던 배가 갑자기 흔들리고 물이 넘쳐 들어오면 누구라도 그랬을 것이다. 제자들은 그토록 급박한 상황에서 자신들을 의지하는 대신 예수님을 필사적으로 깨웠다. 뒤늦게 상황을 알게 된 예수님은 이렇게 말씀하셨다.

> 예수께서 대답하셨습니다. "왜 그렇게 무서워하느냐? 믿음이 적은 사람들아!" 그러고는 일어나 바람과 파도를 꾸짖으셨습니다. 그러자 호수는 아주 잔잔해졌습니다. 사람들은 놀라며 서로 수군거렸습니다. "도대체 저분이 누구시기에 바람과 파도까지도 저분께 복종하는가?" _마 8:26-27, 우리말성경

이 일화를 통해 우리가 배워야 할 것은 성경 속 제자들의 행동과 예수님의 말씀, 두 가지다.

먼저 성경 속 제자들에게서 우리가 배워야 할 것은, 두려움에 빠졌을 때 맨 처음 예수님을 잠에서 깨웠다는 것이다. 우리가 두려움에 휩싸여 연약해졌을 때 가장 먼저 해야 하는 행동이 바로 이것이다. 부정적인 감정을 감지했을 때 하나님

께 의지하는 것 말이다. 오스왈드 챔버스(Oswald Chambers)는 「주님은 나의 최고봉」(토기장이)에서 이렇게 말한다.

> 두려움이 있을 때 우리는 하나님께 기도하는 것 외에 다른 것을 할 수 없습니다. 그러나 주님은 주의 이름을 부르는 자들이 주님을 향해 확신을 가질 것을 기대하십니다.

두려움에서 완전히 벗어나기 위해서는 하나님의 말씀에 대한 전적인 신뢰와 구원에 대한 확신이 있어야만 한다. 영적으로 평소 잘 준비된 사람은 두려움이나 부정적인 감정 앞에서도 숨거나 피하지 않는다. 그들은 바로 하나님께로 달려가 그분의 보호를 받는다. 평소 훈련을 게을리할수록 유사시 동굴을 찾을 확률이 높다. 혼자 헤매지 않으려면 예배와 묵상을 통해 꾸준히 하나님과 교제해야 한다. 그러다 보면 위기의 순간에도 당황하지 않고 하나님을 찾을 수 있다.

물론 무섭고 답답한 상황에 놓였을 때, 눈앞에 보이지 않는 하나님을 떠올리는 게 쉬운 일은 아닐 것이다. 하지만 나의 고통을 완전히 상쇄시켜 주실 수 있는 분은 하나님뿐이다. 그렇기 때문에 '하나님만이 이 두려움에서 나를 해방시킬 수 있다'는 믿음을 갖는 것이 가장 중요하다. 엄한 사람 찾으려 둘러볼 시간에 "주님, 저 무서워요. 좀 도와주세요"

하는 편이 낫다. 그게 믿음이다.

마태복음에서 우리가 또 배워야 할 것은 바로 그 '믿음'에 대한 부분이다. 제자들이 두려움에 싸여 있을 때 잠에서 깨어난 예수님은 "믿음이 적은 사람들아!"라고 제자들을 다그치셨다. 파도 따위에 흔들리는 제자들의 모습이 안타까워서 하셨던 말씀이다. 그분이 믿음을 보이자, 성난 파도는 순식간에 잠잠해졌다. 예수님의 믿음 덕분에 제자들이 느꼈던 두려움이 완전히 소멸된 것이다. 하나님은 그런 분이다. 두려움의 뿌리 자체를 해결하실 수 있는, 우리로 하여금 두려움의 늪에서 완전히 벗어나게 해 주실 수 있는 분이다.

두려움은 제자들을 약하게 만들었다. 그리고 죽음의 공포를 갖게 했다. 그래서 그들은 파도 앞에서 연약해질 대로 연약해졌다. 두려움은 그들을 이 세상에서 가장 나약한 자로 만들어 버렸다. 그러나 주님은 두려움이라는 연약함을 안고 있는 제자들에게 다가가 그 두려움을 눈 녹듯 녹여 주셨다. 그리고 그들이 더 이상 나약한 자가 아닌, 당당한 자가 되어 세상 앞에 나설 수 있도록 해 주셨다.

주님 앞에 가면 나의 연약함은 눈 녹듯 사라지고, 더 이상 두려울 것이 없어진다. 그리하여 나는 그분으로 인해 선하고 강한 자가 된다.

내가 네게 명령하지 않았느냐? 강하고 담대하여라. 두려워하지 말고 낙심하지 마라. 네가 어디를 가든 여호와 네 하나님이 너와 함께할 것이다. _수 1:9, 우리말성경

다음 장에서 우리가 살펴볼 성경 속 인물들도 이러한 '연약함'을 거쳐 하나님의 은혜를 입었다. 하나님께 쓰임을 받았던 성경 인물들의 연약함의 실체를 알아보고자 하는 까닭은 그들의 치부를 드러내 평가절하하기 위해서가 아니다. 그들 안에 있는 열등감을 통해 내 안에 있는 열등감을 다시금 발견하기 위해서다. 먼저 적을 알아야만 승리할 수 있듯이, 내 안의 숨어 있는 연약함의 실체를 파악해야 그것에서 벗어날 수 있다.

성경에 나오는 인물들도 우리처럼 처음에는 겁이 많고 연약한 자들이었다. 하지만 그들은 하나님에 대한 믿음으로 두려움의 근원을 완전히 소멸시킬 수 있었다. 그들의 삶은 우리의 연약함을 걷어가 주시는 하나님에 대한 증거다. 그러므로 나의 연약함을 하나님께 고백하기 위해서는 나 자신이 연약한 원인을 정확히 알고 있어야 한다. 앞으로 나올 인물들의 사례가 그 원인을 밝히는 데 큰 도움이 될 것이다. 이제 다음 장을 통해 성경 속 인물들의 삶과 그 속에 있는 하나님의 말씀을 잘 살펴보자.

연약함이 건네는 위로

Part. 2

성경 속 인물들의 연약함

예수께서 여리고로 들어가 지나가시더라. 삭개오라 이름하는 자가 있으니 세리장이요 또한 부자라. 그가 예수께서 어떠한 사람인가 하여 보고자 하되 키가 작고 사람이 많아 할 수 없어 앞으로 달려가서 보기 위하여 돌무화과나무에 올라가니 이는 예수께서 그리로 지나가시게 됨이러라. 예수께서 그곳에 이르사 쳐다 보시고 이르시되 삭개오야 속히 내려오라. 내가 오늘 네 집에 유하여야 하겠다 하시니 급히 내려와 즐거워하며 영접하거늘 뭇 사람이 보고 수군거려 이르되 저가 죄인의 집에 유하러 들어갔도다 하더라. 삭개오가 서서 주께 여짜오되 주여 보시옵소서. 내 소유의 절반을 가난한 자들에게 주겠사오며 만일 누구의 것을 속여 빼앗은 일이 있으면 네 갑절이나 갚겠나이다. 예수께서 이르시되 오늘 구원이 이 집에 이르렀으니 이 사람도 아브라함의 자손임이로다. 인자가 온 것은 잃어버린 자를 찾아 구원하려 함이니라. _눅 19:1-10

01

나 잘난 삭개오

살다 보면 겉과 속이 다른 사람을 주변에서 많이 볼 수 있다. 성경에 등장하는 삭개오가 바로 그러한 사람이었다. 그는 로마 정부로부터 조세 징수권을 사서 세금을 걷는 세리장이었다. 세리장은 당시 상당한 정치적 영향력을 행사할 수 있었고, 마음먹기에 따라 그 권력을 남용할 수도 있었다. 특히 삭개오가 살던 여리고라는 도시는 세리들이 특별히 선호하는 지역이었다. 예루살렘과 동방을 잇는 무역로가 통하는 데다, 세금을 갹출할 수 있는 여러 토산물의 산지였기 때문이다. 삭개오는 세리장의 신분을 남용해 정해진 것보다 더 많은 세금을 징수하고 일부를 본인이 편취하는 식으로 부를 축적해 갔다.

돈 앞에서 누구보다 냉정했던 삭개오는 납세자가 죽든 말든 전혀 신경 쓰지 않았다. 다른 사람을 배려할 줄 몰랐고,

입장을 바꿔 생각할 줄도 몰랐다. 남의 불편이나 고통은 알 바 아니었다. 그래서 이스라엘 백성들은 그를 미워하고 경멸했다. 당시 사람들은 세리를 허가받은 도둑이라 비하하고 율법을 어긴 창녀처럼 취급했다고 한다. 그래서 삭개오의 주변에는 친구도 이웃도 없었다. 부와 권력은 가졌을지언정 늘 외로운 처지였던 것이다. 하지만 그는 돈에 대한 집착을 버리지 못했다. 부와 권력이 그를 행복하게 해 줄 것이라는 믿음 때문이었다.

실제로 돈과 행복은 얼마나 관련이 있을까? 연세대 심리학과 황상민 교수의 연구 결과를 보면, 돈과 행복이 무관할 것이라고 답한 사람은 고작 7% 정도였다. '지금 행복하다'고 답한 사람도 7%였다. 하지만 같은 질문에 브라질 사람들은 57%가 행복하다고 답했다. 국민소득이 우리나라보다 훨씬 낮은 남미 국가들의 국민 행복지수가 우리보다 훨씬 더 높은 것을 보면, 돈이 행복에 절대적이지 않다는 것을 알 수 있다. 삭개오 역시 온갖 부정한 방법으로 돈을 모았지만, 결코 돈이 그에게 행복을 가져다주지는 못했다.

그렇다면 권력은 어땠을까? 사실 '완장'은 사람의 됨됨이를 뼛속까지 밝혀 주는 엑스레이 같은 것이다. 사람의 밑바닥은 가진 게 너무 없을 때도 드러나지만, 가진 게 너무 많을 때도 드러난다. 실제로 나는 어릴 적 친하게 지내던 친구로 인해 그 진리를 조금 더 일찍 깨달을 수 있었다. 그 친구와는 부모님들끼리도 친했을 정도로 매우 가까운 사이였다. 우리는 둘 다 야구를 좋아했고, 군것질과 동물도 좋아했다. 통하는 게 많다 보니 등하교는 물론이고 늘 모든 것을 함께했다. 그야말로 형제 같은 사이였다.

그랬던 내 친구는 2학기 반장선거에서 반장으로 뽑힌 후 조금씩 변해 갔다. 친구는 반장이 되자마자 180도 돌변하여 권위적이고 차가운 성격을 드러내기 시작했다. 처음에는 '저 친구는 원래 저런 아이가 아니야'라고 믿으며 그를 옹호하려 했다. 하지만 시간이 갈수록 친구는 예전 모습으로 돌아오기는커녕 점점 더 극단적으로 변해 갔다. 어린 나이였지만, 친구의 모습은 매우 슬프고도 또렷하게 내 가슴속 깊숙이 새겨졌다. '권력'이라는 것이 사람을 어떻게 유혹하고, 또 변하게 하는지 깨닫게 된 것이다. 그래서 나는 결심했다. 만약 내가 힘을 갖게 된다면 그 힘을 꼭 좋은 곳에 쓰는 사람이 되어야겠다고 말이다.

> 예수께서 불러다가 이르시되 이방인의 집권자들이 그들을 임의로 주관하고 그 고관들이 그들에게 권세를 부리는 줄을 너희가 알거니와 너희 중에는 그렇지 않을지니 너희 중에 누구든지 크고자 하는 자는 너희를 섬기는 자가 되고 너희 중에 누

구든지 으뜸이 되고자 하는 자는 모든 사람의 종이 되어야 하리라. 인자가 온 것은 섬김을 받으려 함이 아니라 도리어 섬기려 하고 자기 목숨을 많은 사람의 대속물로 주려 함이니라. _막 10:42-45

예수님은 큰 사람이 되고 싶거든 섬기는 자가 되라고 말씀하셨다. 너무 당연한 말이지만, 권력이 생겼다고 해서 상대방을 함부로 대하거나 무시해서는 안 된다. 완장만 차면 내 세상이라고 생각하는 것은 크나큰 착각이다. 오히려 완장을 찼을 때 모범을 보여야만 진정한 힘을 갖추게 되는 것이다. 지위가 낮은 사람보다 높은 사람이 먼저 솔선수범해야 많은 사람에게 더 큰 영향력을 끼칠 수 있다.

그 예로 6·25 한국전쟁을 들 수 있다. 6·25 전쟁은 '미국의 전쟁'이라고도 불릴 만큼 미군 측의 피해도 컸다. 180만여 명 정도가 참전해 그중 약 4만 명이 전사했고, 부상자 수만도 10만 명에 이를 정도로 매우 큰 전쟁이었다.

참전한 미군 중에는 전미 최고 명문대인 하버드 재학생도 20여 명 포함되어 있었고, 놀랍게도 미국 고위 지휘관의 아들들도 매우 많이 참전했다. 아이젠하워 원수를 비롯해 군 장성의 아들들도 142명이나 참전했고, 그중 35명이 피해를 입었다. 유엔군 사령관 클라크 장군, 미 제8군사령관 워커 장군, 밴 플리트 장군, 미 해병 항공사단 해리스 장군의 아들도 참전했다.

밴 플리트 장군의 아들은 전략폭격기 조종사로 작전 임무를 수행하다 실종됐고, 클라크 장군의 아들은 보병중대장으로 복무하다 중상을 입고 이송됐으며, 해리스 장군의 아들은 해병대 대장으로 장진호 전투에서 전사했다. 이들은 충분히 위험을 피해갈 수 있었음에도 그렇게 하지 않았다. 오히려 본인의 의지로 참전을 결심했다. 어떻게든 병역의무를 면제시켜 주려는, 혹은 어떻게든 군대에 가지 않으려는 우리네 고위층의 모습과는 사뭇 비교되는 모습이다. 자신이 가진 힘을 개인의 이익을 위해 쓰는 것이 아니라 다른 이를 위해 책임감 있게 사용하는 모습이야말로 권력을 가진 사람이 행해야 할 덕목일 것이다.

삭개오가 6·25 전쟁에 스스로 참전했던 군인들과 같은 사람이었다면 좋았겠지만, 안타깝게도 그는 반장이 되자마자 돌변했던 어린 시절의 내 친구와 같은 사람이었다. 자신의 연약함을 채우기 위해 수단과 방법을 가리지 않고 닥치는 대로 돈을 모으고, 그 돈으로 권력을 사려 했던 것이다.

돈만 있으면 행복할 것이라고 생각했지만 삭개오에게는 늘 채워지지 않는 갈급함이 있었다. 삭개오는 예수님이 어떤 분인지 너무 궁금했다. 하지만 키가 작아 군중들 사이로 예수님을 보기가 힘들어, 돌무화과나무 위로 올라갔다. 삭개오는 그토록 뵙고 싶었던 분을 드디어 보게 되었음에도 예수님을 부를 용기가 없어 그대로 바라보고만 있다. 하지만 예수님은 그런 그를 발견해 이름을 불러 주시고, 반겨 주셨다. 만일 예수님이 끝내 삭개오를 부르지 않으셨다면, 그는 오늘날 우리가 읽는 성경에 나오지 않았을 것이다. 예수님이 이름을 부르시자 삭개오는 버선발로 뛰쳐나와 예수님을 맞이한다. 조금 늦었지만, 행동으로나마 진심을 표현하고자 한 것이다.

하지만 참 안타깝게도 삭개오의 이러한 진심은 예수님에게만 전해졌을 뿐, 그곳에 모인 관중에게는 미처 다 전해지지 못했다. 사람들은 예수님이 악명 높은 세리장 삭개오와 교제하는 모습에 큰 충격을 받았다. 호되게 꾸짖어도 모자랄 판에 그와 교제하고 은혜까지 베풀다니…. 도무지 이해할 수 없는 행동에 사람들은 예수님과 삭개오를 싸잡아 비난하고 조롱하기 시작했다. 생각이 다른 사람을 품기보다 정죄하고 손가락질하는 모습은 예나 지금이나 똑같다. 이에 하나님은 다른 이를 조롱하고 비난하지 말라며 경고하신다.

> 비판을 받지 아니하려거든 비판하지 말라. 너희가 비판하는 그 비판으로 너희가 비판을 받을 것이요, 너희가 헤아리는 그 헤아림으로 너희가 헤아림을 받을 것이니라. 어찌하여 형제의

눈 속에 있는 티는 보고 네 눈 속에 있는 들보는 깨닫지 못하느냐. _마 7:1-3

엘리사가 거기서 벧엘로 올라가더니 그가 길에서 올라갈 때에 작은 아이들이 성읍에서 나와 그를 조롱하여 이르되 대머리여 올라가라 대머리여 올라가라 하는지라. 엘리사가 뒤로 돌이켜 그들을 보고 여호와의 이름으로 저주하매 곧 수풀에서 암곰 둘이 나와서 아이들 중의 사십이 명을 찢었더라. _왕하 2:23-24

우리가 이 이야기에서 주목해야 할 것은 어떤 상황 앞에서 있을 때, 내가 삭개오의 입장인지 혹은 군중의 입장인지 생각해 보는 것이다. 만약 내가 삭개오라면 힘과 권력에 대한 집착을 버리고 용기를 내서 다른 이에게 다가가야 한다. 반대로 내가 군중이라면 다른 이가 진심을 표현했을 때 그를 비난하거나 의심하지 말고, 그를 더 큰 긍정의 길로 인도해 주어야 한다.

언젠가 상담실에서 50대 후반의 매우 부정적인 성격을 지닌 한 여성을 만난 적이 있다. 그 여성은 가정에 소홀한 아버지와 엄격한 어머니 사이에서 자랐다. 아버지는 오직 성공을 위해 사는 사람이었다. 그래서 온통 자신의 일에만 신경 썼을 뿐, 딸에게는 매사에 무관심했다. 한편, 그녀의 어머니는 남편의 빈자리를 엄격함으로 채우려 했다. 그녀가 시험에서 90점을 받아 오면, 어머니는 왜 100점을 받지 못했느냐고 무섭게 꾸짖었다. 누가 그녀에 대해 칭찬이라도 하면 기다렸다는 듯이 "얘는 그런 애가 아니에요"라며 깎아내렸다.

사람은 사랑받아야 행복해지는 존재다. 이런 환경에서는 어느 누구도 긍정적으로 성장할 수 없을 것이다. 심리학에서는 성인이 된 후 겪는 대부분의 문제가 어린 시절의 애정 결핍에서 기인된다고 한다. 이 여성의 경우에도 그랬을 것이다. 하지만 그렇다 해도 과거의 애정 결핍이 공격성을 정당화해 줄 수는 없다. 그녀는 매우 염세적이고 공격적이라 주변에 사람이 없었다. 남편과 자녀들도 그녀 옆에 가기를 꺼릴 정도였다.

이 여성처럼 매사에 부정적인 사람들이 있다. 그들은 삭개오의 이야기 속에 나오는 군중과도 같은 사람들이다. 그런 사람들은 나뿐만 아니라 주변 사람들에 대해서도 늘 비판하고 경계하고 의심한다. 파리를 쫓아가면 화장실로 가게 되고, 꿀벌을 쫓아가면 꽃밭에 가게 된다. 그렇기 때문에 긍정적인 마음을 갖고, 이와 비슷한 생각을 하는 사람들과 어울리는 것이 여러모로 이득이다. "사람의 됨됨이는 주변 친구를 보면 알 수 있다"는 말이 있을 정도로, 함께 어울리는 사람들끼리는 서로 큰 영향을 주고받는다. 반대 성향의 부부도 같이 살다 보면 점점 더 서로 닮은 꼴이 되어가는 것처럼 말이다.

스타벅스의 하워드 슐츠(Howard Schultz) 회장은 이렇게 말했다. "부정적인 사람은 결코 위대한 기업을 세울 수 없다는 것이 불변의 진리다. 또한 부정적인 사람의 말을 듣고 큰일을 성취한 사람은 세계 어디에도 없다." 이처럼 긍정적인 사람에게는 놀라운 힘이 있다.

긍정적인 사람들을 만나고 싶다면 내가 먼저 긍정적인 사람이 되기 위해 노력해야 한다. 내 안에는 삭개오도 있고, 군중도 있다. 용기가 없는 삭개오, 그리고 삭개오를 의심하고 믿지 않는 군중, 이 둘 모두가 사실은 내 안에 있는 것이다. 그래서 우리는 늘 괴롭다. 자신감이 없는 내가 진심을 다해 용기를 내려고 할 때, 또 다른 편에서는 스스로를 비판하고 의심하는 내가 있다. 그래서 우리는 매번 제3의 그 어딘가로 도망치려 한다. 삭개오가 자신감이 없는 자기 자신을 외면하기 위해 돈과 권력에서 정체성을 찾으려 했던 것처럼 말이다.

그러므로 연약함을 극복하기 위해 내가 제일 먼저 할 일은 자기 안의 부정적인 목소리를 조금씩 긍정적인 언어로 바꿔 가는 것이다. 의심을 지우고 나의 변화를 믿어 주는 것이다. 부정적인 생각을 긍정적인 생각으로 바꾸는 시작은 긍정적인 언어를 사용하는 것이다. 물이 반쯤 담긴 컵을 똑같이 보더라도, 부정적인 사람은 컵에 물이 반 잔밖에 없다고 하고, 긍정적인 사람은 반 잔이나 더 있다고 하듯, 생각을 바꾸면 부정적인 시선으로만 보이던 세상이 점점 더 긍정적으로 보이기 시작한다.

또한 다른 이를 칭찬해 주고 격려해 주는 것도 좋은 방법이다. 칭찬은 고래도 춤추게 한다는 말이 있다. 사람은 칭찬에서 힘을 얻는다는 뜻이다. 더 놀라운 것은 칭찬을 받는 사람보다 칭찬을 해 주는 사람이 더 긍정적으로 변한다는 것이다. 상대가 가진 좋은 점을 발견하려고 하다 보면 자연스럽게 상대를 긍정적인 시각으로 보게 되고, 이는 곧 나 자신에 대해서도 긍정적으로 사고하도록 만들어 준다.

그래서 나는 평소에도 아내에게 많이 칭찬해 주려고 하는 편이다. 종종 아내가 끓인 된장찌개의 간이 안 맞을 때가 있지만, 그 맛을 평가하며 비판하기보다 나를 위해 준비해 준 정성이 고마워 더욱 맛있게 먹으려고 노력한다. 그러면 아내의 기분도 좋아지고, 그런 아내를 보는 내 기분도 좋아진다.

이보다 좀 더 고난이도의 방법은 불평이 터져 나올 상황에 오히려 감사하는 자세를 취하는 것이다. 사람들은 종종 불행의 원인을 과거에서 찾으려 하고 '○○ 때문에 지금 내가 이렇게 됐다'고 원망하곤 한다. 돈이 없기 때문에, 부모를 잘못 만났기 때문에, 좋은 학교를 못 나왔기 때문에, 결혼을 잘못 했기 때문에, 시대를 잘못 타고났기 때문에 등등 원망의 이유는 저마다 다양하다. 하지만 '때문에'라는 말을 '덕분에'로 살짝 바꿔 주면 세상을 보는 시선이 완전히 뒤바뀌게 된다. 부모님 덕분에, 선생님 덕분에, 그때 그 경험 덕분에 여기까지 올 수 있었다며 감사하게 된다.

긍정적인 사람은 과거를 돌아보며 후회하지 않고, 현실을 바라보며 절망하지도 않는다. 오직 미래를 내다보며 전진한다. 아무리 힘든 상황에서도 감사할 것이 있기 때문에, 설령 실패를 하더라도 그마저도 배움의 기회가 될 수 있는 것이다.

하루에 딱 한 시간만이라도 주변 사람들에게 고마움을 표현해 보자. 나를 위해 엘리베이터 문을 잡아 주는 이웃 사람, 퇴근길에 먼저 인사를 건네주는 경비 아저씨, 출퇴근길에 이용하는 버스의 운전기사 아저씨 등 감사를 표현할 대상은 무궁무진하다.

마음에 좋은 것들이 많으면 사회적 지위나 배경, 신체적 약점에 대해 속병을 앓을 필요가 없어진다. 삭개오의 경우처럼 자신의 결핍을 돈과 권력에서 찾을 필요도 없어지고, 웅성대는 군중처럼 무턱대고 남을 조롱하고 비난해야 할 이유도 사라진다. 다른 이를 향한 긍정적인 마음가짐은 곧 나 자신에게 가장 큰 수혜를 안긴다.

돈과 권력을 통해 강한 척해 보려 했으나, 마음속에는 채워지지 않는 갈급함을 가지고 있었던 삭개오. 종잇장처럼 얇고 나약했던 그는 예수님을 보겠다는 일념으로 돌무화과나무 위에 올라갔고, 예수님을 영접함으로써 새 사람으로 거듭났다. 돌무화과나무 위로 올라가는 적극적인 행동 그 자체가 그에게 있어서는 가장 큰 용기였고, 이는 곧 자신의 연약함을 드러내는 행위였던 것이다.

예수님은 연약함을 드러낸 삭개오를 직접 찾아오셨고, 그의 내면에 있는 연약함을 긍휼히 여겨 주셨다. 그리고 삭개오가 그 연약함의 자리에서 벗어날 수 있도록 새로운 기회를 주셨다. 주님의 긍휼이 그의 연약함을 회복시켜 주신 것이다.

위로를 구하는 기도

주님, 제 안에 삭개오가 있음을 고백합니다.
내면의 열등감을 감추기 위해
세상의 헛된 자부심으로 채웠던 제 자신의 모습을 회개합니다.
여전히 저의 내면은 공허하고 허전합니다.
오! 주님, 무잇으로 우리의 내민을 재워야 합니까?
오늘도 주님을 만나기 위해 용기를 내어
돌무화과나무에 오릅니다.
삭개오에게 찾아오신 것처럼,
연약하고 공허한 저에게 찾아오셔서 긍휼을 베풀어 주옵소서.
제 마음에 주님을 모시기 원합니다.
저의 공허하고 우울한 마음 가운데 임하셔서
평안을 허락하여 주옵소서.

예수께서 그곳에 이르사 쳐다보시고 이르시되 삭개오야 속히 내려오라. 내가 오늘 네 집에 유하여야 하겠다 하시니 급히 내려와 즐거워하며 영접하거늘.
_눅 19:5-6

아나니아라 하는 사람이 그의 아내 삽비라와 더불어 소유를 팔아 그 값에서 얼마를 감추매 그 아내도 알더라. 얼마만 가져다가 사도들의 발 앞에 두니 베드로가 이르되 아나니아야 어찌하여 사탄이 네 마음에 가득하여 네가 성령을 속이고 땅 값 얼마를 감추었느냐. 땅이 그대로 있을 때에는 네 땅이 아니며 판 후에도 네 마음대로 할 수가 없더냐. 어찌하여 이 일을 네 마음에 두었느냐. 사람에게 거짓말한 것이 아니요 하나님께로다. 아나니아가 이 말을 듣고 엎드러져 혼이 떠나니 이 일을 듣는 사람이 다 크게 두려워하더라. 젊은 사람들이 일어나 시신을 싸서 메고 나가 장사하니라. 세 시간쯤 지나 그의 아내가 그 일어난 일을 알지 못하고 들어오니 베드로가 이르되 그 땅 판 값이 이것뿐이냐 내게 말하라 하니 이르되 예 이것뿐이라 하더라. 베드로가 이르되 너희가 어찌 함께 꾀하여 주의 영을 시험하려 하느냐. 보라 네 남편을 장사하고 오는 사람들의 발이 문 앞에 이르렀으니 또 너를 메어 내가리라 하니 곧 그가 베드로의 발 앞에 엎드러져 혼이 떠나는지라. 젊은 사람들이 들어와 죽은 것을 보고 메어다가 그의 남편 곁에 장사하니 온 교회와 이 일을 듣는 사람들이 다 크게 두려워하니라.
_행 5:1-11

02

겉과 속이 다른 부부,
아나니아와 삽비라

　사실은 서로 사이가 나쁘면서 주변 사람의 시선을 의식해 마치 잉꼬부부인 양 행동하는 부부를 '쇼윈도 부부'라고 한다. 소비자의 시선을 끌기 위해 화려하게 상품을 진열해 놓은 백화점 쇼윈도에서 따온 말이다. 겉과 속이 다른 것은 쇼윈도 부부만이 아니다. 겉으로는 부자지만 마음은 가난한 사람도 있고, 겉으로는 온화한데 속은 늘 화가 가득한 사람도 있다. 또 겉으로는 친절하지만 속으로는 상대를 무시하는 사람도 있다.

　성경에 나오는 아나니아와 삽비라 또한 그런 부부였다. 겉으로 보기에 그들은 주님을 누구보다도 사랑했던 부부였다. 혹은 사랑하는 것처럼 보이는 부부였다. 재산을 팔아 주님께 바칠 생각을 했다는 것이 이를 증명한다. 현실에서는 보기 힘든 풍경이다. 보통 한쪽이 신실하면 다른 한쪽은 시들한 경우가 많아, 부부가 합의 하에 거액을 헌금하기는 무척 어렵다. 아내가 헌금을 찬성하는데 남편이 반대하기도 하고, 남편은 찬성하지만 아내가 반대하기도 한다. 그런데 아나니아와 삽비라는 결말이 어찌되었든 일단은 가진 재산을 모두 하나님께 바치기로 결심했다.

하지만 그들은 하나님께 벌을 받았다. 그들은 자신의 재산을 모두 주님께 바치겠다고 약속했으나, 실제로는 일부만 바치고 나머지는 자신들이 착복했기 때문이다. 이 사실을 알게 된 베드로가 그들에게 죄를 물었지만 그들은 끝까지 잡아떼며 돈을 착복하지 않았다고 거짓을 고했다. 그러자 그들은 혼절해 숨지고 말았다. 성령을 속인 탓에 결국 죽음을 맞이한 것이다.

부부가 벌을 받은 이유는 결코 헌금을 적게 드려서가 아니었다. 주님을 속였기 때문이었다. 주님께 약속했던 말과 달리 재산의 일부만 헌금한 것이 화근이었다. 그런데 이들은 왜 마지막 순간에 흔들렸던 것일까? 막상 모든 것을 다 내어 드리려니 본전 생각이 나서 그랬던 것일까? 먹고 살 걱정에 갑자기 막막해졌던 것일까?

아마도 그 부부는 당시 '예수의 참된 제자'라는 겉모습을 갖고 싶었던 것이 아니었을까 싶다. 전 재산을 팔아 헌금하는 것이야말로 세상에 그 결심을 보여 줄 수 있는 가장 좋은 방법이었기 때문이다. 애초부터 하나님을 사랑하는 진정한 마음 때문이 아니라, '예수의 참된 제자'라는 명성을 얻어 겉모습을 화려하게 꾸미고자 했던 의도가 있었기에 그들은 마지막 순간에 마음을 바꾼 것이다.

세상에 꾸며 낸 모습만을 보여 주고자 했던 아나니아와 삽비라 부부는 인정욕구에 목말라하는 사람들이었다. 그래서 사람들의 인정과 칭찬을 구걸하는 연약한 믿음의 소유자가 되고 말았고, 그로 인해 결국 하나님을 속이는 어리석음을 범했다.

우리 주변에도 아나니아와 삽비라 같은 이들이 만연해 있다. 또한 교회 안에서도 그런 사람들을 종종 볼 수 있다. 어쩌면 나부터가 스스로를 돌아봐야 할지도 모른다. 그럴듯한 그리스도인으로 보이기 위해 목사가 되려고 했던 것은 아닌지, 직함을 얻으면 신앙심이 더욱 깊어 보이기 때문에 안수집사나 권사가 되려고 했던 것은 아닌지 스스로 돌아봐야 할 필요가 있다. 우리의 믿음은 교회 안에서 직함을 얻을 때가 아니라, 그리스도의 말씀을 따라 올곧게 살아갈 때 더욱더 견고해지기 때문이다.

물론 '예수의 참된 제자'라는 직함의 화려함 때문이 아니었더라도, 제아무리 믿음이 좋았다 하더라도, 사람인 이상 미래에 대한 불안은 어찌할 수 없었을 것이다. 역지사지로 생각해 보면, 통장에 있는 전 재산을 헌금해도 마음이 평온할 수 있는 사람이 세상에 몇이나 될까 싶다. 아마 그들은 주님께 충성을 맹세하려다가 삶이 어그러지게 되는 것은 아닐가 겁부터 났을 것이다. 미래가 보장된 직장을 뒤로하고 선교사로 헌신했는데, 괜한 짓을 한 것은 아닌지 불안해지는 것처럼 말이다.

> 사람이 마음으로 자기의 길을 계획할지라도 그의 걸음을 인도하시는 이는 여호와시니라. _잠 16:9

> 여호와여 그러하여도 나는 주께 의지하고 말하기를 주는 내 하나님이시라 하였나이다. 나의 앞날이 주의 손에 있사오니 내 원수들과 나를 핍박하는 자들의 손에서 나를 건져 주소서. _시 31:14-15

"한 치 앞도 알 수 없는 인생"이라는 말이 있을 정도로 삶에서 우리가 가늠할 수 있는 것은 극히 적다. 하나님 없이 자신의 힘과 지혜로 잘 살아 보려 할수록 우리의 미래는 불안할 수밖에 없다. 미래에 대한 불안을 넘지 못하면 거룩한 도전은 시도조차 할 수 없다. 세상은 내 주머니 속에 하나라도 더 챙겨 넣으라고 계속해서 권하는데, 하나님은 우리에게 자꾸만 다른 사람에게 기꺼이 양보하고 나눠 주라고 하시기 때문이다. 그래서 신앙심이 약해지고, 굳건했던 믿음이 흔들리게 된다.

> 내가 진실로 진실로 너희에게 이르노니 한 알의 밀이 땅에 떨어져 죽지 아니하면 한 알 그대로 있고 죽으면 많은 열매를 맺느니라. _요 12:24

> 또 눈은 눈으로, 이는 이로 갚으라 하였다는 것을 너희가 들었으나 나는 너희에게 이르노니 악한 자를 대적하지 말라. 누구든지 네 오른편 뺨을 치거든 왼편도 돌려 대며 또 너를 고발하여 속옷을 가지고자 하는 자에게 겉옷까지도 가지게 하며 또 누구든지 너로 억지로 오 리를 가게 하거든 그 사람과 십 리를 동행하고 네게 구하는 자에게 주며 네게 꾸고자 하는 자에게 거절하지 말라. _마 5:38-42

다른 이를 위해, 세상을 위해, 하나님을 위해 지금 당장 모든 것을 무모하게 내던지라는 것이 아니다. 하지만 믿음의 사람으로서 하나님께도, 스스로에게도 거짓을 고해서는 안 된다. 스스로 자신을 진실된 사람으로 가다듬어야만 한다. 불안할수록 계산하게 되고, 계산할수록 이기적으로 판단하게 되며, 그러다 보면 작은 이익을 위해 하나님께 거짓을 고하게 된다. 하나님이 미래를 책임져 주시지 않을 것이라는 불신에 사로잡히는 순간, 조금이라도 더 인정받고 더 누리기 위한 욕심쟁이 놀부가 되어 버리고 마는 것이다. 나 자신보다 하나님을 신뢰하고 사랑해야만 하나님 앞에서 정직할 수 있다.

어느 누구나 아나니아와 삽비라 부부처럼 실수하고 넘어질 수 있다. 아무리 믿음이 좋다 하더라도, 아무리 성령이 충만하다 하더라도, 우리는 인간이기에 마음속 어느 한구석은 연약하기 마련이다.

가룟 유다는 물질에 눈이 멀어 은 서른 개에 예수님을 팔았고, 사울은 권력욕 때문에 다윗을 죽이려 했다. 본디 사람은 큰 산이나 바위가 아닌, 작은 조약돌에 걸려 넘어진다. 돈에 약한 사람은 돈과 얽힌 일 때문에 자꾸 넘어지고, 이성에 약한 사람은 성 문제로 넘어진다. 나 역시 '목사'라는 직함을 갖고 있으나 늘 완벽한 것은 아니다. 나도 사람이기에 실수도 하고, 실패도 한다.

학창 시절에는 미적분을 어려워해서 항상 그 문제를 틀렸었고, 운전면허 시험을 봤을 때는 S자 후진 코스에서 두 번이나 떨어졌다. 짝사랑했던 친구 앞에만 가면 긴장해서 말도 행동도 어색해졌다. 늘 자신 없고 어려워하는 것들 때문에 좌절이 반복되었고, 이는 곧 나를 연약함의 어둠 속으로 이끌어 갔다.

그러나 그 연약함을 외면하거나 억지로 꾸며 내려 하지 않고, 진짜 내가 어떤 사람인지, 진정한 내 모습은 어떤 것인지를 계속 고민하고 생각하다 보니 예전보다 훨씬 나은 지금의 모습이 될 수 있었다. 만약 내가 아나니아와 삽비라 부부처럼 겉모습만 거짓으로 꾸며 낸 채 스스로의 연약함을 인정하지 않고 살아왔다면, 살면서 늘 넘어지고 실패했을 것이다. 조금 부족하더라도 진실된 마음으로 살아야만 진짜 나를 찾을 수 있다.

나의 연약함과 상대의 연약함을 알고 인정하는 것은 매우 중요하다. 서로의 연약함을 넉넉하게 받아들여야만 상처받지 않을 수 있기 때문이다. 아무리 아닌 척 노력해 봐도 우리는 모두 너나 할 것 없이 나약한 존재이고, 연약함은 죄와 허물의 자리로 우리를 늘 인도한다.

이는 하나님께서 우리의 삶에 역사하셔서 연약함의 허상을 드러내시고, 이를 통해 우리가 스스로 더욱 겸손해지도록 하시기 위함이다. 성령을 속이고, 겉모습에만 목을 맨 아나니아와 삽비라 부부 또한 성령의 능력을 통해 연약함의 허상을 경험했다.

그러므로 언제나 나를 사랑하고, 다른 사람을 사랑하며,

하나님을 사랑해야 한다. 그리고 겉으로 보이는 모습이 아닌 진정한 나 자신의 모습을 가꿔 나가야 한다. 당연한 말이지만, 겉모습보다 중요한 것은 내 가슴속에 있는 진실함이기 때문이다.

/ 위로를 구하는 기도 /

주님, 제 안에 아나니아와 삽비라가 가졌던
연약함이 있음을 고백합니다.
겉으로는 믿음이 있는 척했지만 여전히 두려움 가운데
세상 것에 마음을 빼앗기며 살아가는 저를
불쌍히 여겨 주옵소서.
주님께 모든 것을 다 맡긴다고 고백하였지만,
현실의 어려움이 찾아오면 주님께 기도하기보다
걱정하고 근심하였습니다.
모든 것이 다 주님의 은혜라고 고백하였지만
막상 현실의 삶에 큰 어려움이 찾아오면
감사하기보다 원망하고 불평하며 살아가는 저를 봅니다.
하나님의 인정보다는 사람의 인정과 칭찬에 목말라하며
살아가는 저를 바라봅니다.
주님, 저는 어떻게 해야 합니까?
저의 연약함을 불쌍히 여겨 주십시오.
당신의 강한 손과 편 팔로 저를 안아 주옵소서.
저의 연약함을 당신의 강함으로 채워 주옵소서.

이와 같이 성령도 우리의 연약함을 도우시나니 우리는 마땅히 기도할 바를
알지 못하나 오직 성령이 말할 수 없는 탄식으로 우리를 위하여 친히 간구
하시느니라. _롬 8:26

또 자기를 의롭다고 믿고 다른 사람을 멸시하는 자들에게 이 비유로 말씀하시되 두 사람이 기도하러 성전에 올라가니 하나는 바리새인이요 하나는 세리라. 바리새인은 서서 따로 기도하여 이르되 하나님이여 나는 다른 사람들 곧 토색, 불의, 간음을 하는 자들과 같지 아니하고 이 세리와도 같지 아니함을 감사하나이다. 나는 이레에 두 번씩 금식하고 또 소득의 십일조를 드리나이다 하고. _눅 18:9-12

03

교만한 바리새인

　성경 속 바리새인은 '분리된 자, 거룩한 자'라는 뜻으로, 율법을 철저히 지키며 불결하고 부정한 것으로부터 분리해 나온 무리를 말한다. 그들은 예수님이 활동하던 시대에 존재했던 유대교 경건주의 분파 중 한 부류로, 엄격한 율법 준수와 모범으로 유대인에게 큰 신망과 존경을 받았으나, 형식주의, 율법주의, 극단적인 분리주의, 그리고 권위주의적인 특권의식에 빠져 예수님으로부터 책망을 받았다. 오늘날에도 '바리새인'은 겉과 속이 다르게 외식하는 자, 형식적 경건주의자, 권위의식에 사로잡힌 자를 비꼬는 말로 쓰인다.

　바리새인은 기도하면서도 자신의 의로움을 과시했던 전형적인 자기애성 인격 장애 환자였다. 그에게는 대중을 영적으로 인도할 수 있는 리더십과 거룩을 실천함으로 하나님과 더 친밀해질 수 있는 특권이 있었으나, 그 특권으로 자기 자신을 더 사랑하고 다른 사람을 업신여겼다.

기도는 자신을 철저히 죽이는 시간이다. 그러나 하나님 앞에서 낮아져야만 하는 기도 시간에 바리새인은 자신을 높이기에만 급급했다. 그는 거룩함을 통해 자신을 드러내기 좋아했고, 남을 깎아내려서라도 자기 의를 강조하고 싶어 했다. 그래서 누구도 품어 주지 못했고, 함께하는 사람들에게도 은혜를 끼치지 못했다.

> 뱀이 여자에게 이르되 너희가 결코 죽지 아니하리라. 너희가 그것을 먹는 날에는 너희 눈이 밝아져 하나님과 같이 되어 선악을 알 줄 하나님이 아심이니라. 여자가 그 나무를 본즉 먹음직도 하고 보암직도 하고 지혜롭게 할 만큼 탐스럽기도 한 나무인지라. 여자가 그 열매를 따먹고 자기와 함께 있는 남편에게도 주매 그도 먹은지라. _창 3:4-6

자기애성 인격 장애와 늘 함께 등장하는 것은 '교만'이라는 연약함이다. 교만은 헬라어로 '휘페레파노스'(ὑπερήφανος)라고 하는데, 이는 '자신을 타인 위에 올려놓은 사람'이라는 뜻이다. 교만은 천사도 마귀로 만들고, 복을 저주로 바꾼다. 위의 말씀과 같이 인간이 원죄를 지은 이유도 교만했기 때문이다.

이 바리새인들처럼 자신을 너무 사랑하다 못해 '왕자병'이나 '공주병'에 걸리는 사람들이 있다. 자아에 도취해 이기적이고 오만한 행동으로 주변인들에게 혐오감을 주는 증상을 전문 용어로 자기애성 인격 장애(Narcissistic Personality Disorder, NPD)라고 한다.

이들은 대체로 자신의 재능과 능력을 과대평가하고 타인의 평가에 과도하게 집착한다. 듣는 사람이 지루해하든 말든 자기 자랑을 늘어놓는다. 딱히 뚜렷한 업적을 이루지 못했어도 스스로 천재라고 믿기 때문에 대인 관계에서도 아쉬울 것이 없다. 자기만 특별대우 받는 것을 당연하게 여기며 모든 순간이 자기중심적이다. 사회구성원이라면 누구나 지켜야 하는 규칙은 안중에도 없다. 그들은 존경과 관심의 대상이 되고자 끊임없이 애쓰는 동시에, 이용가치가 없는 사람에게는 비난을 퍼붓는다. 한마디로 극단적 이기주의자라 할 수 있다.

이들은 시기와 질투가 강하고, 반복적인 일에 쉽게 지루함을 느낀다. 기대에 미치지 못했을 때, 그것을 누구의 탓으로 돌릴 수도 없을 때, 상상 이상으로 상심한다. 이때 이들이 경험하는 상실감은 거의 존재 가치 자체를 부정할 정도로 극심하다.

예전에 시골에서 서울로 상경해 번듯한 직장을 얻은 형

제가 있었다. 교회에서 가장 인기가 많던 자매를 짝사랑했던 그는 수많은 경쟁자를 따돌리고 그 자매의 마음을 얻는 데 성공했다. 미인을 얻었으니 그녀의 머슴이 되어도 좋다는 마음이 일었던 그는 매일 출퇴근 시간에 자매의 기사가 되어 데려다 주었고, 그녀가 먹고 싶다는 것은 죄다 눈앞에 대령하며 헌신했다. 그리하여 결혼에까지 골인했지만, 행복은 짧았다.

자기애성 인격 장애가 있던 자매는 남편의 헌신에 전혀 감동할 줄 모르는 사람이었다. 자매는 시간이 지날수록 남편에게 더욱 많은 것을 요구했고, 얼마 못 가 형제는 몸져누워 버렸다. 남편이 예전처럼 자신을 떠받들어 주지 않자 자매는 공격적으로 변했고, 남편의 시선을 끌기 위해 크고 작은 사고를 쳤다. 심지어 뜨거운 물을 손등에 들이붓거나, 일부러 넘어져 다리를 삐기도 했다. 형제는 이제 아내가 무섭다고 했다.

심리학자 하인즈 코헛(Heinz Kohut)은 자기애성 인격 장애의 원인이 부모에게 있다고 판단했다. 어린 시절 부모에게 적절한 공감적 반영(mirroring)을 얻지 못한 아이의 과대성이 성장하면서 과대자기(grandiose self)로 변형된다는 것이다. 과도한 칭찬으로 아이를 집안의 영웅으로 만들어 버리는 경우도 마찬가지다. 따라서 부모는 어린 자녀에게 민감하게 반응해 줘야 한다. 무조건적인 용납과 칭찬을 삼가고 올바른 훈육을 해야 한다. 그래야 자녀 안에 건강한 자아가 자라날 수 있다.

코헛의 말대로 나는 두 아들의 말과 행동에 적극적으로 반응하려 노력해 왔는데, 그럴수록 아이들은 더 신이 나서 자신의 감정을 적극적으로 표현하기 시작했다. 반면 옳고 그름은 최대한 명확하게 표현해 아무리 떼를 쓰고 드러누워 울어도 한 번 안 되는 것은 끝까지 해 주지 않았더니, 아이들은 자연스럽게 도덕에 대한 가치를 깨달아 갔다. 잘못한 것에 대해서는 따끔하게 혼내고, 잘한 것에 대해서는 구체적으로 칭찬해 주며 격려해 주는 이 당연한 진리 덕분에 나의 두 아이들은 다행히 지금까지 잘 성장해 주고 있다.

사람마다 정도의 차이는 있겠지만 누구에게나 자기애성 인격 장애의 증상이 있다. 남에게 인정받고 싶어 하고, 그럴듯하게 보이고 싶어 하는 것이다. 하지만 사람은 자신이 인정하지 않는 대상 앞에서는 누구보다 잔인하게 돌변해 버리기도 한다.

그 예로 신실하고 배려심 많은 어느 집사님이 아파트 경비원에게 막말을 일삼는 경우도 보았다. 상대에 따라 말과 행동과 신앙이 달라지는 것은 옳지 못하다. 보여 주기 위한 신앙, 보여 주기 위한 인격은 내려놓고 하나님을 의식할 줄 알아야 한다. 하나님을 의식하는 사람은 늘 한결같다. 그분은 언제나 어디에나 계시기 때문이다.

> 교만은 패망의 선봉이요 거만한 마음은 넘어짐의 앞잡이니라.
> _잠 16:18

1912년 4월 영국의 초호화 여객선 타이타닉 호가 북대서양에서 빙산과 충돌했던 일은 인간의 '교만'이 어떤 참사를 불러일으키는지를 잘 보여 주는 하나의 예다.

타이타닉 호는 출항할 당시 '세계 최고'를 자부했고, 그 배의 선장은 "하나님이라도 이 배를 어떻게 할 수 없을걸!"이라며 큰소리를 쳤다. 배의 크기와 인간의 기술만을 믿었던 선장은 타이타닉 호가 어떠한 풍랑에도 끄떡없을 것이라고 자신했다. 그래서 사고해역에 근접해 '사고 가능성'을 알리는 무선 연락을 받았음에도 이를 무시했다.

결국 타이타닉 호는 탑승객 2,200여 명 중 무려 1,500여 명을 사망토록 한 세계 최대의 해상 사고를 일으켰다. 인본주의와 안일주의가 빚어낸 이 대참사를 통해 우리는 하나님보다 세상의 힘을 더 사랑하고 의지할 때 불행이 찾아옴을 배우게 되었다.

우리는 건강하게 자신을 사랑하고 매 순간 겸손을 잃지

말아야 한다. 나 역시 한쪽 눈이 실명한 후에야 자신의 교만을 반성하고 하나님의 전능하심에 대해 새삼 깨닫게 되었다. 이 땅에서 건강하고 의욕적인 삶은 유한하며, 내가 아무리 건강 관리를 열심히 해도 제어할 수 없는 영역이 있음을 알고 나니, 하나님의 위대하심에 저절로 경외심이 생기게 되었다. 그러다 보니 예전에는 특별한 일이 있어야 감사했는데, 실명한 이후에는 평범한 일상에도 새삼 감사하게 되었다. 제아무리 열심히 해 봐도 이 넓은 우주에서 우리가 의지대로 할 수 있는 것은 아주 소수에 지나지 않는다는 것을 깨닫게 된 것이다.

그러므로 내가 할 수 있는 한 스스로를 더욱 겸손하게 숙이는 한편, 하나님을 깊이 의지하고 내게 주어진 오늘을 가장 행복하게 보내야 한다. 과거에 인정받지 못하고 사랑받지 못한 시간들은 잊어버리고, 하나님의 인정과 돌봄과 사랑을 경험해야만 진정한 자신이 될 수 있다. 곁에 있는 사람을 소중히 여기고 삶에 최선을 다하는 것만으로도 성공적인 시작이 될 것이다.

숨 쉴 수 있어서, 바라볼 수 있어서, 만질 수가 있어서 정말 행복해요
말할 수도 있어서, 들을 수도 있어서, 사랑할 수 있어서 정말 행복해요

이 중에서 하나라도 내게 있다면, 살아있다는 사실이죠 행복한 거죠
살아있어 행복해 살아있어 행복해, 네가 있어 행복해 정말 행복해요

죽은 이의 그토록 바라던 소원은, 숨 쉬는 오늘이 바라던 내일이죠
살아있어 행복해 살아있어 행복해, 네가 있어 행복해 정말 행복해요

살아있어 행복해 살아있어 행복해, 네가 있어 행복해 정말 행복해요
살아있어 행복해 살아있어 행복해, 네가 있어 행복해 정말 행복해요
정말 행복해요

지치거나 힘이 들 때 자주 들었던 가수 추가열의 "행복해요"라는 곡의 가사다. 숨 쉴 수 있고, 바라볼 수 있고, 만질 수 있고, 말할 수 있고, 들을 수 있고, 그리하여 사랑할 수 있다는 이 당연하고도 쉬워 보이는 진리는 사실 상당히 많은 노력을 통해 얻을 수 있는 행복이다. 행복을 얻기 위해서는 이 소소한 일상에서부터 변화를 시작해야 한다. 행복은 가만히 있음으로 얻어지는 것이 아니라, 스스로 노력해서 쟁취해야 하는 보물 같은 것이기 때문이다.

사랑해야 하는 첫 번째 대상은 하나님이다. 그리고 그다음은 나 자신이다. 나 자신을 진정으로 사랑할 줄 아는 사람은 절대 교만해지지 않는다. 하지만 진정으로 자신을 사랑할

줄 모르는 사람은 결국 이기적인 마음을 품게 된다. '자기애'는 결국 사람들로부터 외면받아 자기 자신을 도탄에 빠지게 하기 때문에 진정으로 자신을 사랑하는 것이 아니다. 주변 사람들이 모두 자신을 위해 존재하는 것으로 인식하는 사람은 다른 이가 자신을 외면하는 순간 쉽사리 좌절하고 열등감을 품게 된다. 이는 자기 자신을 진정으로 사랑하는 방법을 모르기 때문이다. 내가 나 자신을 진정으로 올바르게 사랑한다면 다른 이들의 평가에 휘둘리지 않을 수 있고, 다른 이들도 나만큼 사랑받기에 충분한 존재임을 알기에 그들과 건강한 관계를 유지할 수 있다.

바리새인이 가진 '자기애'와 '교만'이라는 연약함은 하나님보다 자기 자신을 더 사랑함으로 얻은 결핍이었다. 그 연약함은 자신을 더 이기적으로 만들어 버렸고, 주변 사람들을 하찮게 여기게 만들어 버렸다. 그래서 그가 가진 믿음을 전부 다 가짜로 만들고 말았다. '자기애'와 '교만'이라는 연약함은 때로 우리의 믿음을 의심케 하기도 한다. 그리하여 하나님은 겸손한 세리의 모습을 통해 교만한 바리새인의 연약함을 스스로 부끄럽게 하셨다.

때때로 우리의 연약함은 바리새인처럼 스스로를 부끄럽게 만든다. 주님은 나의 그런 연약함을 작고 초라하고 미미한 것을 통해 깨닫게 하신다. 그러므로 지금부터라도 진정으로 자신을 사랑하는 방법을 깨달아 보자. 지나친 '자기애'는 나를 사랑하는 것이 아니라 이기와 집착으로 자신을 감추는 것이다. 그것은 사랑이 아닌, '교만'에 지나지 않음을 꼭 명심해야 한다.

/위로를/
/구하는 기도/

주님, 저는 바리새인처럼 제 자신을 너무도 사랑합니다.
그래서 다른 사람들보다 더 돋보이기를 원했고,
주목받기를 갈망했습니다.
저보다 더 잘난 사람을 시기 질투했고, 미워했습니다.
제 자신이 너무나 소중했기에,
다른 사람들에게 무관심했고 관대하지 못했습니다.
사람들과의 관계에서 손해 보기를 싫어했고,
희생하기를 주저했습니다.
주님께서 네 이웃을 내 몸과 같이 사랑하라고 말씀하실 때마다
제 마음이 너무도 불편했습니다.
저를 위해서는 값비싼 명품을 사도 전혀 아깝지 않았으나,
어려운 이웃을 위해 작은 후원도 아까워했습니다.
오! 주님, 저를 불쌍히 여겨 주옵소서.
저를 위해 십자가에 못 박히신 주님을 바라봄으로,
십자가의 사랑을 깨닫게 하옵소서.
그리하여 제 자신을 사랑하는 그 우상을 내려놓게 하옵소서.

내가 진실로 진실로 너희에게 이르노니 한 알의 밀이 땅에 떨어져 죽지 아니하면 한 알 그대로 있고 죽으면 많은 열매를 맺느니라. _요 12:24

베드로는 아랫뜰에 있더니 대제사장의 여종 하나가 와서 베드로가 불 쬐고 있는 것을 보고 주목하여 이르되 너도 나사렛 예수와 함께 있었도다 하거늘 베드로가 부인하여 이르되 나는 네가 말하는 것이 무엇인지 알지도 못하고 깨닫지도 못하겠노라 하며 앞뜰로 나갈새 여종이 그를 보고 곁에 서 있는 자들에게 다시 이르되 이 사람은 그 도당이라 하되 또 부인하더라. 조금 후에 곁에 서 있는 사람들이 다시 베드로에게 말하되 너도 갈릴리 사람이니 참으로 그 도당이니라. 그러나 베드로가 저주하며 맹세하되 나는 너희가 말하는 이 사람을 알지 못하노라 하니. _막 14:66-71

04

겁쟁이 베드로

 베드로는 말과 행동이 다른 이중적인 사람이었다. 그는 모든 사람이 주 예수를 저버린다 해도 자신만은 절대로 그러지 않을 것이라며 충성과 의리를 다짐했으나, 결국에는 예수님을 세 번이나 부인하는 이중성을 보였다. 지키지도 못할 공수표를 남발해 놓고 목숨이 위태로워지자 겁에 질려 배신하고 만 것이다. 남들 앞에서는 누구보다 예수님을 사랑하는 것처럼 과시했으나 결국 주님보다 자기 자신을 더 많이 사랑한 자, 그가 바로 겁쟁이 베드로다.

 우리 주변에도 사기꾼처럼 말과 행동이 전혀 다른 사람이 많이 있다. 그런 사람들은 꼭 말로 마음을 다 표현하려고 애를 쓴다. 사랑하는 마음을 행동이 아닌 말로 해결하려는 태도는 베드로와 같은 사람이 보이는 전형적인 모습이다. 그들은 자신의 말에 진심을 담을 줄 모르기 때문에 자꾸만 거짓을 일삼는다. 그리고 나중에 그 말에 대한 책임을 보여야 하는 자리에서는 회피하기 위한 핑곗거리부터 찾는다. 말은 뱉어지면 허공에 흩어져 버리는 한숨 같은 것이다. 그렇기 때문에 제아무리 번지르르한 말도 실천하지 못하면 아무 데도 쓸모없다. 다른 그 무엇보다 실천이 앞서야 한다.

하나님보다 자기 자신의 안위만을 원하는 이기적인 자신을 버리지 못하면 누구나 베드로가 될 수 있다. 그런 사람들은 결정적인 순간에 하나님은 까맣게 잊고 쾌락, 거짓, 부패를 택한다. 교회에서의 기도와 일상의 행동이 불일치하는 경험을 다들 해 보았을 것이다.

세상에서 고난받고 있는 어려운 이들을 돌보겠노라 기도해 놓고, 외국인 근로자나 노숙자와 같은 소외되고 힘없는 이들은 함부로 대한다. 타인의 노동에 정당한 값을 지불하지 않고 그 돈으로 사치품을 사들인다. 다른 이에게 양보하고 희생하겠다고 기도해 놓고, 사소한 부부싸움에서도 꼭 이기려고 기를 쓴다. 직장에서도 회사 동료에게 절대 손해보려 하지 않는다. 운전할 때조차 양보할 마음이 없을 뿐더러 누가 끼어들기라도 하면 경적을 크게 울리며 창문 너머로 고함을 지른다. 윗집에서 쿵쾅거리면 경비실에 전화해 무섭게 따지고 든다. 우리가 일상적으로 얼마나 많은 위선을 저지르는지를 돌아보면, 셀 수도 없이 많을 것이다.

영성이 깊다는 것은 신비한 체험이나 신령한 능력을 행하는 게 아니다. 예수님의 가르침대로 늘 살아가는 것이다. 하나님을 믿는 이들이 아무도 보지 않는 곳에서도 그분의 말씀대로 살아야만, 다른 이들 또한 우리를 통해 예수님을 만날 수 있다. 베드로처럼 말만 앞서는 사람은 결코 진정한 은혜를 입을 수 없다.

> 말씀하시되 내 마음이 심히 고민하여 죽게 되었으니 너희는 여기 머물러 깨어 있으라 하시고 조금 나아가사 땅에 엎드리어 될 수 있는 대로 이때가 자기에게서 지나가기를 구하여 이르시되 아빠 아버지여 아버지께는 모든 것이 가능하오니 이 잔을 내게서 옮기시옵소서. 그러나 나의 원대로 마시옵고 아버지의 원대로 하옵소서 하시고 돌아오사 제자들이 자는 것을 보시고 베드로에게 말씀하시되 시몬아 자느냐. 네가 한 시간도 깨어 있을 수 없더냐. _막 14:34-37

겉과 속이 달랐던 겁쟁이 베드로의 또 다른 약점은 게으름이었다. 그는 예수님의 총애를 한몸에 받는 제자답지 않게 겁이 많고 게을렀다. 주님은 땀이 핏방울이 될 때까지 기도하시는데도 옆에서 영문도 모르고 잠을 자고 있었던 것을 보면, 그가 얼마나 게으르고 염치없는 자였는지 한눈에도 알 수 있다. 겁이 많아 배신하고, 게으르고, 인내가 없어 쉽게 기도를 포기했던 베드로는 누군가의 제자가 되기에는 최악의 인물로 보인다. 그럼에도 예수님은 끝까지 그를 끌어안아 주셨다. 베드로에게 "네가 어떻게 그럴 수가 있느냐"며 다그쳐도 모자를 것 같은데, 예수님은 어떠한 책망도 하지 않으셨다. 심지어 그분은 베드로가 가장 원하는 선물을 품에 안겨 주시기까지 한다.

그 후에 예수께서 디베랴 호수에서 또 제자들에게 자기를 나타내셨으니 나타내신 일은 이러하니라. 시몬 베드로와 디두모라 하는 도마와 갈릴리 가나 사람 나다나엘과 세베대의 아들들과 또 다른 제자 둘이 함께 있더니 시몬 베드로가 나는 물고기 잡으러 가노라 하니 그들이 우리도 함께 가겠다 하고 나가서 배에 올랐으나 그날 밤에 아무 것도 잡지 못하였더니 날이 새어갈 때에 예수께서 바닷가에 서셨으나 제자들이 예수이신 줄 알지 못하는지라. 예수께서 이르시되 얘들아 너희에게 고기가 있느냐. 대답하되 없나이다. 이르시되 그물을 배 오른편에 던지라. 그리하면 잡으리라 하시니 이에 던졌더니 물고기가 많아 그물을 들 수 없더라. 예수께서 사랑하시는 그 제자가 베드로에게 이르되 주님이시라 하니 시몬 베드로가 벗고 있다가 주님이라 하는 말을 듣고 겉옷을 두른 후에 바다로 뛰어 내

리더다. _요 21:1-7

어느 날, 베드로는 제자들과 함께 낚시를 갔다. 밤새도록 고기를 낚으려 했지만 한 마리도 건지지 못해 몹시 실망하고 있는데 예수님이 오셨다. 베드로는 소스라치게 놀랐다. 자신이 예수님을 배신했기 때문에 고개조차 들 수 없었다. 그러나 그분은 오히려 베드로에게 물고기를 주심으로 더 큰 은혜를 베푸셨다. 예수님은 자신을 배신한 베드로를 책망하지 않으셨다. 왜 그랬느냐고 원망하지도 않으셨다. 묻지도 따지지도 않고 그저 필요를 채워 주실 뿐이었다. 그게 다였다. 베드로는 자신의 죄를 회개하며 주님 앞에 무릎을 꿇었다. 예수님이 정죄하지 않고 이해하고 용서하심으로써, 베드로는 위로받고 변화할 수 있었다.

잘 알려진 이솝우화 중, 해와 바람이 대결하는 이야기가 있다. 어느 날 '지나가는 나그네의 코트를 누가 더 먼저 벗기는지'를 두고 해와 바람이 내기를 한다. 바람이 자신 있게 말한다. "내 강한 바람이 저 사람의 코트를 벗길 수 있을 거야." 있는 힘껏 바람을 불게 하자 지나가던 사람은 코트를 더 여미었다. 반면 해는 따뜻한 햇볕을 비추었다. 그러자 더위를 느낀 사람이 코트를 벗었다. 이 짧은 우화를 통해 우리는 한 사람을 변화시키는 것은 강압적인 힘이 아니라 따뜻한 사랑임을 새삼 깨닫게 된다.

어릴 적 어머니는 청소를 무척 열심히 하셨다. 쉬는 날에는 늘 창문을 활짝 열어젖히고 청소부터 시작하셨다. 주말을 맞이해 느지막이 늑장을 부리며 휴식을 취하고 있던 나는 늘 그것이 불만이었다. 간만에 좀 쉬려고 했는데, 어머니 때문에 억지로 청소해야 했기 때문이었다. 그런데 꼬박 30년이 흐르고 나자, 신기하게도 나 역시 어머니처럼 주말에는 꼭 청소부터 시작하게 되었다. 그토록 싫어 했던 청소가 이제는 일주일 동안 쌓였던 스트레스를 푸는 해소 방법이 된 것이다.

문제는 내 새로운 청소 습관이 이번에는 아내의 불만을 자아냈다는 것에 있었다. 몰아서 청소를 하는 습관이 있던 아내는 내가 매번 깔끔을 떠는 것이 유난스럽다고 생각했다. 그래서 우리 부부는 신혼 초에 매일 청소 때문에 부딪혔다. 나는 아내가 내 방식대로 따라와 주기를 강요했지만, 순순히 뜻대로 되지 않았다.

이처럼 서로 사랑하는 관계 속에서도 다툼은 늘 있다. 사랑하지 않기 때문이 아니라 이해하지 못하기 때문이다. 지금까지 살아온 방식이 다른 만큼 사소한 부분에서까지 차이가 느껴질 때가 있다. 이때 그 차이를 받아들이지 못하고 상대방이 틀렸다고 여기게 되면 다툼이 일어난다. 아내는 남편이

퇴근 후 아무 데나 양말을 벗어 던지는 것을 나무란다. 남편은 아내가 치약을 중간부터 짜는 것을 이해하지 못한다. 아내는 남편이 다른 집 남편처럼 쓰레기 분리수거를 하지 않아 짜증을 낸다. 윗집 남편은 음식물 쓰레기도 버린다며 남편기를 죽인다. 남편은 아내가 다른 집 아내처럼 싹싹하지 못하다고 한소리 한다. 결혼하고 잘 살기도 바쁜데, 배우자의 못마땅한 부분을 고쳐 보려 사력을 다한다. 행복하려고 결혼했는데 살수록 잔소리와 상처만 쌓인다.

이런 문제는 자녀들과의 관계에서도 똑같이 나타난다. 부모는 자기 방식대로 자녀를 양육하고 싶어 한다. "다 너 잘되라고 그러는 거지!" 다그치기 바쁘다. 요즘 아이들의 성적표는 부모 몫이라는 우스갯소리도 있다. 하지만 부모에게 늘 지적만 받아 온 아이가 과연 똑바로 성장할 수 있을까? 비뚤어지지 않으면 다행이다. 보이는 곳에서는 부모에게 순종하는 척할지 몰라도, 속으로는 격렬하게 저항하며 외면하는 마음을 키우고 있을 것이다.

한국은 유독 강요하는 문화가 짙게 깔려 있는 나라다. 공부하라고 강요하고, 돈 많은 친구랑 사귀라고 강요하고, 좋은 대학에 가라고 강요하고, 나이가 찼으니 결혼하라고 강요하고, 회식인데 술 한잔하라고 강요하고, 교회에 오라고 강요한다. 억지로 어찌어찌하게 되어도 마음에서 동의가 우러

나오지 않는 행위는 불평과 불만만 낳는다.

강요나 협박은 연인 사이에서도 나타난다. 심각한 경우 데이트 폭력으로 발전된다. 데이트 폭력은 과거 혹은 현재 연인 사이에서 벌어지는 폭력 및 상해를 일컫는 말로, 한국에서는 치정폭력이라고도 한다. 강제로 금품을 요구하기도 하고 성관계를 요구하다 안 들어주면 폭력을 행사하기도 한다. 조사 분석 결과 여성 중 77.8%가 정서적 데이트 폭력을 경험했다고 한다. '상대가 핸드폰과 개인 SNS를 자주 점검한다', '누구와 함께 있는지 늘 확인한다', '다른 이성을 만나는지 의심한다'는 답이 가장 많았다.

강요는 어떤 상황도 나아지게 하지 못한다. 주님은 이 땅에 오셔서 우리에게 무엇 하나 강요하신 적이 없다. 심지어 예수님을 영접하는 자리에서도 그들 모두의 의견을 존중하셨다. 연약한 우리를 헤아리시어 우리가 스스로 깨달을 수 있도록 배려하고 기다려 주신 것이다. 이처럼 강요가 만연한 사회에서 우리는 먼저 상대를 존중하고, 배려하고, 기다려 줘야 한다. 마치 따스한 햇볕 아래에서 외투를 벗었던 이들처럼 말이다.

그러므로 우리는 늘 다른 사람들을 넓은 마음으로 배려하면서 살아야 한다. 다른 이의 연약함을 인정하며, 그들 각자의 입장과 형편을 잘 살펴 배려해 주어야만 한다. "술 먹지 말고 일찍 들어와", "주말에는 아이들이랑 땀 흘리면서 놀아 줘", "시댁에만 잘하지 말고 친정에도 좀 잘해 줘"와 같이 사실에만 기인하여 요구하는 말은 감동을 주지 못한다. 그래서 종종 싸움의 불씨가 되고 만다. 상대의 기분을 상하게 만들기 때문이다.

사실적 언어와 감정적 언어의 차이는 새로운 땅을 보고 온 정탐꾼과 여호수아와 갈렙의 말에서 느껴 볼 수 있다.

> 그와 함께 올라갔던 사람들은 이르되 우리는 능히 올라가서 그 백성을 치지 못하리라. 그들은 우리보다 강하니라 하고 이스라엘 자손 앞에서 그 정탐한 땅을 악평하여 이르되 우리가 두루 다니며 정탐한 땅은 그 거주민을 삼키는 땅이요, 거기서 본 모든 백성은 신장이 장대한 자들이며 거기서 네피림 후손인 아낙 자손의 거인들을 보았나니 우리는 스스로 보기에도 메뚜기 같으니 그들이 보기에도 그와 같았을 것이니라. _민 13:31-33

열 명의 정탐꾼이 보고한 것은 사실이었다. 목격한 것에 입각한 정확한 보고였지만, 모세와 이스라엘 백성들을 불안하게 했다. 반면 똑같은 땅을 보고 온 여호수아와 갈렙의 보고는 달랐다.

이스라엘 자손의 온 회중에게 말하여 이르되 우리가 두루 다니며 정탐한 땅은 심히 아름다운 땅이라. 여호와께서 우리를 기뻐하시면 우리를 그 땅으로 인도하여 들이시고 그 땅을 우리에게 주시리라. 이는 과연 젖과 꿀이 흐르는 땅이니라. 다만 여호와를 거역하지는 말라. 또 그 땅 백성을 두려워하지 말라. 그들은 우리의 먹이라. 그들의 보호자는 그들에게서 떠났고 여호와는 우리와 함께하시느니라. 그들을 두려워하지 말라 하나. _민 14:7-9

여호수아와 갈렙은 믿음의 확신을 갖고 담대하게 말했다. 모세와 이스라엘 백성들을 안심시키고, 사람들이 약속의 땅을 바라보게 했다. 눈앞에 펼쳐진 사실에 입각한 언어는 때때로 우리를 불안하게 하고 절망하게 한다. 그러나 믿음, 소망, 사랑 등 감정에 입각한 언어는 우리를 평안하게 하고 따뜻하게 한다.

예전에 어느 지방의 교회에서 사역을 했을 때가 있었다. 그 교회 옆에는 보육원이 하나 있었는데, 그 보육원 아이들이 교회 물건을 훔쳐 가기도 하고 우리 교회 아이들을 괴롭히기도 해서 골치였다. 참다못한 성도들이 나에게 보육원 원장님을 만나 보라고 할 정도였으니 문제가 꽤 심각했었다. 성도들은 보육원 아이들이 주일날 교회에 오지 못하게 막아 달라고 했다. 문제를 해결해야 했기에 보육원 원장님을 찾아갔는데, 그는 조심스럽게 이렇게 말했다.

"목사님, 우리 아이들 때문에 죄송합니다. 그런데 우리 아이들 너무 불쌍합니다. 어린 시절 부모에게 버림을 받았고, 학교에서는 선생님에게 차별을 당합니다. 주일에 큰 교회에 가서 예배를 드리는데 그곳에서도 차별을 당합니다. 아이들이 차별 없이 예배를 드릴 수 있도록 목사님께서 도와주실 수는 없을까요?"

그 말을 듣는 순간 하나님이 내게 그 예배를 맡기셨음을 느꼈다. 그렇게 시작된 예배는 내가 서산을 떠나는 마지막 날까지 계속되었다. 처음 반년간 아이들은 예배에 전혀 집중하지 않았다. 아이들이 장난치거나 난장판을 쳐서 예배가 제대로 진행되지 않기 일쑤였다. 하지만 이대로 포기하고 싶지는 않았다. 아이들에게 더 큰 사랑의 참된 뜻을 전하고 싶었다. 나는 예배 시간마다 간식을 사 들고 가서 아이들에게 나눠 주었고, 아이들이 왜 다투는지, 무엇에 화가 나는지, 혹은 무엇이 고민인지 귀를 기울여 주었다. 아이들의 눈높이에서 그들을 사랑하려 애썼고, 차별 없는 사랑을 주려 노력했다. 그로부터 반년 정도 시간이 지난 어느 날, 고등학생들이 예배 후에 나를 찾아왔다.

"목사님, 왜 저희를 떠나지 않으세요? 대부분의 사람들은 저희가 이 정도까지 사고를 치면 모두 혀를 내두르고 가 버렸거든요. 근데 목사님은 끝까지 계시니까 신기해요."

그 말에 나는 미소로 화답했다. 그 미소에 뭔가를 느꼈는지, 그날 이후 아이들이 조금씩 변화되기 시작했다. 스스로 예배 팀을 조직하였고, 더는 예배 시간에 소란을 피우지 않았다. 마지막 예배 시간이 끝난 날, 아이들은 나를 위해 축하 공연과 파티를 열어 주면서 환송해 주었다. 그동안 감사했다고 눈물을 흘리며 인사하는 아이들을 보자, 나 또한 눈시울이 붉어졌다. 그 만남은 아이들뿐만 아니라 나 자신에게도 큰 깨달음을 주었다. 예수님이 베드로에게 하셨던 것처럼 다른 이를 조건 없이 이해하고 사랑한다면, 크게 상처 입어 변하지 않을 것 같은 상대도 변하게 만들 수 있음을 말이다.

베드로는 예수님을 마음속 깊이 따르려 했으나, 너무도 연약하여 믿음과 다른 행동을 하는 잘못을 저질렀다. 그는 말과 다르게 행동함으로 예수님을 배신하여 그분과 멀어지고 스스로 초라한 신세가 되고 말았다. 겁이 많고 게으른 연약한 자신 때문에 예수님 만나기 전의 옛 삶으로 회기하고만 것이다.

때때로 우리의 연약함은 우리를 예수님을 믿기 전으로 되돌려 놓기도 한다. 그리하여 우리는 다시 과거 죄인의 자리로 돌아가고 마는 것이다. 하지만 인자하신 주님께서는 자신을 배신한 베드로 같은 인물에게조차 여전히 은혜를 베풀고 사랑을 주신다. 그리하여 우리의 연약함을 당신의 강함으로 탈바꿈해 주신다. "그럼에도 불구하고 너를 사랑한다"는 그 강인한 믿음과 큰 사랑이 인간의 연약함을 희석시켜 주는 것이다.

나는 우리 모두 예수님이 주신 삶 속에서 주변을 감동하게 만드는 사람들이 되었으면 좋겠다. 배우자든 자식이든 친구든 부모님이든, 우리가 삶 속에서 주변을 감동시키는 사람들이면 좋겠다. 그러기 위해서 우리는 늘 자신 안의 베드로를 경계하며 말과 행동을 일치시키려 노력하며 살아야 한다. 또한 주님의 넓고 깊은 마음을 헤아리며 이를 스스로 실천하며 살아가야 한다.

예수님이 베드로의 죄를 꾸짖는 대신, 있는 그대로의 모습을 인정해 주시고 사랑해 주신 것처럼 우리 역시 다른 이를 그렇게 대해야만 한다. 상대방에게 강요의 말보다 사랑의 말을 더 많이 전하려 노력하고, 과거의 잘잘못을 따지는 대신 있는 그대로의 모습을 인정해 주어야만 한다. 부부사이에서는 상대의 부족한 면을 타박하는 것이 아니라 배우자의 입장에서 이해해 주어야 하고, 자식에게는 강요가 아닌 사랑의 말로써 옳은 길로 인도해야 한다. 강압과 억압의 말이 아니라 감동의 언어를 사용해야 비로소 사람의 마음을 움직일 수 있기 때문이다. 이는 곧 예수님이 베드로에게 그가 그토록 원하던 물고기를 선사하셨던 것과도 같다. 사람이 사람에게 원하는 가장 큰 선물은 바로 내가 진정 원하는 것을 가장 잘 헤아려 주는 마음이기 때문이다.

위로하는 기도

주님, 제 안에 주님을 부인했던 베드로가 있음을 고백합니다.
주님의 큰 사랑을 받았으나 십자가 앞에서 주님을 부인했고,
결정적인 순간 주님을 바라보기보다는
제 자신을 바라보았습니다.
그래서 세상과 벗하였고, 부정과 세속에 물들었습니다.
이런 저의 연약함을 주님께 올려드립니다.
제 안에 있는 베드로는 저로 하여금 부정과 불의와 악함과
세속적 욕망에 사로잡히게 만듭니다.
오! 주님, 저를 불쌍히 여겨 주옵소서.
베드로에게 찾아오셔서
"네가 나를 사랑하느냐?" 말씀하셨던 주님,
오늘 저에게도 찾아오셔서 그 사랑으로 저를 안아 주옵소서.
저를 당신의 사랑으로 덮어 주옵소서.

세 번째 이르시되 요한의 아들 시몬아 네가 나를 사랑하느냐 하시니 주께서 세 번째 네가 나를 사랑하느냐 하시므로 베드로가 근심하여 이르되 주님 모든 것을 아시오매 내가 주님을 사랑하는 줄을 주님께서 아시나이다. 예수께서 이르시되 내 양을 먹이라. _요 21:17

그 해가 돌아와 왕들이 출전할 때가 되매 다윗이 요압과 그에게 있는 그의 부하들과 온 이스라엘 군대를 보내니 그들이 암몬 자손을 멸하고 랍바를 에워쌌고 다윗은 예루살렘에 그대로 있더라. 저녁 때에 다윗이 그의 침상에서 일어나 왕궁 옥상에서 거닐다가 그 곳에서 보니 한 여인이 목욕을 하는데 심히 아름다워 보이는지라. 다윗이 사람을 보내 그 여인을 알아보게 하였더니 그가 아뢰되 그는 엘리암의 딸이요 헷 사람 우리아의 아내 밧세바가 아니니이까 하니 다윗이 전령을 보내어 그 여자를 자기에게로 데려오게 하고 그 여자가 그 부정함을 깨끗하게 하였으므로 더불어 동침하매 그 여자가 자기 집으로 돌아가니라. 그 여인이 임신하매 사람을 보내 다윗에게 말하여 이르되 내가 임신하였나이다 하니라. 다윗이 요압에게 기별하여 헷 사람 우리아를 내게 보내라 하매 요압이 우리아를 다윗에게로 보내니 우리아가 다윗에게 이르매 다윗이 요압의 안부와 군사의 안부와 싸움이 어떠했는지를 묻고 그가 또 우리아에게 이르되 네 집으로 내려가서 발을 씻으라 하니 우리아가 왕궁에서 나가매 왕의 음식물이 뒤따라 가니라. … 그 편지에 써서 이르기를 너희가 우리아를 맹렬한 싸움에 앞세워 두고 너희는 뒤로 물러가서 그로 맞아 죽게 하라 하였더라. _삼하 11:1-8, 15

05

나태한 다윗

이스라엘의 초대 왕이었던 사울로 인해 나라가 산산이 부서진 후, 그 뒤를 이어받아 도탄에 빠진 나라를 재건하여 눈부신 번영을 이룬 이스라엘의 2대 왕. 그가 바로 구약 성경에 등장하는 다윗이다. 다윗 왕조의 시조인 그는 이스라엘 역사에 새로운 부흥을 제공함과 동시에 말년까지 하나님을 잘 섬김으로써 예수 그리스도의 족보에 이름을 당당히 올린 사람이었다. 하나님의 축복을 한몸에 받은 듯 누구보다 탄탄대로를 걸어온 다윗. 그러나 그도 한낱 인간에 불과했던지라 벗어날 수 없는 '연약함'을 간직하고 있었다. 그 결핍은 곧 다윗으로 하여금 정상의 자리에서 큰 대가를 치르도록 했다. 그것은 정상에 선 자가 쉽게 범할 수 있는 오류, 바로 '나태함'이라는 이름의 연약함이었다.

다윗은 전쟁이 일어날 때마다 언제나 선봉에 설 정도로

늠름한 왕이었다. 뿐만 아니라 정치나 경제에도 남다른 감각을 갖고 있어 이스라엘을 굳건한 나라로 만드는 데 누구보다 일조했던 왕이기도 했다. 그런데 성실하고 부지런하며 타의 모범이 되었던 그가 언젠가부터 변하기 시작했다.

자신의 의무와 책임을 태만히 여겼고, 자기 휘하 장성들이 모두 전쟁에 나가 있는 동안에도 예루살렘에 머무르며 한가로이 지내기에 급급했다. 전쟁이 났을 때에도 나랏일에는 전혀 관심을 두지 않고 여인을 품에 안는 것에만 몰두했다. 게다가 자신의 불륜을 감추기 위해 수단과 방법을 가리지 않기까지 했다. 과거의 성실했던 모습이 온데간데없이 사라져 버린 것이다. 한 사람이 이렇게 갑자기 변하게 된 이유는 무엇이었을까? 누구보다 존경받는 왕이었던 그가 '나태함'이라는 연약함에 빠진 이유는 과연 무엇이었을까? 그것은 바로 '정상'이라는 자리가 주는 유혹 때문이었다.

종종 우리는 인기 절정의 연예인이 우울증이나 공황장애에 빠지거나, 도박과 마약 같은 사건에 연루되는 사건을 매스컴을 통해 접한다. 또 국민적 사랑을 받던 스포츠 스타의 탈선 소식이 연일 뉴스에 보도되기도 한다. 슬프게도 역사상 성공한 사람들은 그 자리에 오래 머물지 못하는 경우가 많았다. 여러 죄의 유혹에 빠져 이내 그 자리에 내려와야 했던 것이다. 부와 명예와 인기, 이 모든 것을 갖추게 된 사람들이 어찌하여 부도덕한 행동으로 자기 자신을 망치는 것일까? 정상에 오른 사람들은 왜 그곳에 오래 머무르지 못하고 스스로 미끄러지는 길을 택하는 것일까? 하지만 사실 이 질문은 순서가 잘못되었다. 한 인간이 정상에 올랐을 때만큼 연약함에 빠지기 쉬운 때가 없기 때문이다.

보통 사람들은 정상에 오른 이들을 볼 때 그들에게는 더 이상의 결핍이 없을 것이라고 생각한다. 하지만 정상의 자리는 그리 만만한 자리가 아니다. 왜냐하면 인간은 목표한 바를 이루기 위해 최선을 향해 달리다가도, 막상 목표를 이룬 후에는 극심한 탈진 상태에 빠지기 때문이다. 그래서 목표한 바를 모두 다 이룬 사람들은 종종 자신의 성공 앞에서 고개를 갸우뚱하곤 한다. 내가 정말 원했던 성공이 이런 것이었나 싶은 것이다. 목표가 서 있던 자리가 갑자기 텅 비어 버림과 동시에 찾아오는 공허함 때문에 그들의 마음속에는 허무라는 새로운 감정이 들어차고 만다. 모든 것이 공허해지고 나면 새로운 목표를 찾을 이유도, 예전처럼 어디론가 열심히 달려갈 이유도 사라진다. 그러다 보니 그 헛헛한 마음을 달래기 위해 죄의 유혹에 빠지거나 나태해지고 마는 것이다.

다윗도 처음에는 하나님께 받은 것이 참 많았고, 부지런함과 성실함으로 끝없이 노력하는 사람이었다. 귀족이 아닌 어느 평범한 무명의 집안에서 태어나 갖은 노력 끝에 이스라엘의 왕자의 자리에 올랐고, 사울의 질투 때문에 몇 번의 죽음의 고비를 넘기기도 했다. 또 상당히 용감한 전사였기에 자신보다 훨씬 더 거대한 괴물인 골리앗을 무찌르기도 했다. 오히려 정상에 오르기 전 그는 하나님께 축복 받은 자로서 많은 이의 사랑과 존경을 받았다.

그런데 정상에 오른 후, 그는 조금씩 변했다. 예전에는 누구보다 부지런한 사람이었으나 왕이 된 후부터는 해가 진 저녁에 느지막이 일어나기 시작했다. 낮잠을 실컷 자고 저녁 무렵에 일어나 어슬렁대며 할 일 없이 산책이나 하는 왕을 존경할 이는 아무도 없었다.

이처럼 정상의 자리에 있는 사람에게 가장 먼저 찾아오는 것이 바로 '나태함'이다. 갑자기 목표가 사라져 버리자 무엇을 해야 할지 갈피를 잡지 못하는 것이다. 그렇기 때문에 게을러지거나 나태하게 멈춰 서 있을 때, 혹은 이 정도면 괜찮겠지 하며 책임을 회피하거나 의무를 등한시할 때 찾아오는 태만은 모두 죄의 유혹이 된다. "부지런하면 영성에 약이 되지만 게으름은 영성에 독이 된다"는 말처럼, 부지런한 시간에는 다른 잡념이 찾아오지 않아 스스로 발전할 수 있지만, 무력하고 한가하게 게을리 시간을 보내고 있으면 우리의 마음속에는 온갖 잡념들과 세상의 유혹들이 찾아온다. 그래서 지혜로운 옛 청교도인들은 이런 말을 남겼다. "게으른 마음과 나태한 마음은 사탄의 공작실이다."

　진정한 삶의 승리를 알기도 전에 샴페인부터 먼저 터뜨린 자아도취 때문에, 그래서 빠지게 된 게으름과 나태함 때문에, 감정과 정욕 때문에, 욕심에 사로잡혀 멈추지 않았기 때문에, 회개하지 않았기 때문에 다윗의 삶은 점점 구렁텅이로 빠져들었다. 자식이 죽음을 맞이하는가 하면, 사랑하는 아들이 자신의 자리를 탐내 모반의 주동자가 되기도 했다. 자식들 간에 부도덕한 간음 사건이 일어나기도 했고, 아도니야에서 일어난 반역 때문에 골머리가 썩기도 했다. 그 결과 다윗은 모든 것을 다 잃고 말았다. 다윗이 정상에 올랐을 때 찾아온 '나태함'이라는 연약함을 인지하고 이를 해결하려 노력했다면 이토록 비참한 상황은 찾아오지 않았을 것이다.

　그러므로 우리는 언제나 '나태함'이라는 유혹을 경계하며 살아가야 한다. 축구에서 실력 있는 공격수가 반 발자국 먼저 움직여 상대편 수비수를 뚫고 지나가는 것처럼, 세상의 유혹을 무찌르고 이 땅에서 거룩한 모습으로 살아가고 싶다면 '나태함'이라는 연약함에 대비해 한 발자국 먼저 움직이는 부지런함이 필요하다. 성공한 사람들에게서 공통적으로 발견되는 특징 또한 이와 맞닿아 있다. 그것은 삶을 살아갈 때 브레이크와 액셀을 적절히 잘 활용한다는 것이다. 속력을 내야 할 때에는 더욱 부지런하게 액셀을 밟고, 잠시 쉬어가야 한다고 생각할 때는 천천히 브레이크를 잡아 인생의 속도를 안정적으로 유지해 간다. 운전을 할 때 두 발을 떼면 차가 멈춰 버리듯, 성실하면서도 여유롭게 우리의 삶을 잘 운전해야만 '나태함'이라는 연약함에 빠지지 않을 수 있다.

다윗은 멈추어야 할 때 멈추지 않아서 넘어졌다. 자신의 삶을 잘 운전하지 못한 결과다. 상황이 여유롭게 되었을 때 부지런함을 잃어버리고 게으른 삶을 지속함으로 인해 액셀과 브레이크 모두에서 두 발을 떼고 말았다. 그래서 그의 삶은 앞으로도 뒤로도 가지 못한 채 불행의 구렁텅이로 빠지게 된 것이다. 그러나 다윗은 최후의 순간, 자신의 삶을 새로이 다잡을 수 있을 지혜를 발휘했다. 바로 다시 하나님을 찾은 것이다. 다윗의 처절한 기도에 하나님은 간음과 살인의 죄를 사하여 주시고, '나태함'이라는 연약함을 극복하게 하셨다.

우리는 종종 사역을 할 때 우리가 세운 목표만을 달성하기 위해 달려간다. 그것은 명성과 재산, 인기를 성취하도록 할 수 있지만 결국에는 허무와 나태에 빠지도록 유혹하기도 한다. 따라서 우리는 하나님이 부르신 푯대를 향해 달려가는 자가 되어야 한다. 세상이 말하는 높은 성취만을 목표로 삼지 말고 하나님의 큰 뜻 아래 있어야 정상에서도 연약함에 빠지지 않을 수 있기 때문이다.

위로하는 기도

주님, 제 안에 게으름과 나태함으로 범죄하였던
다윗의 모습이 있음을 고백합니다.
다윗은 부와 명예와 인기를 얻는 일에는 부지런했으나,
주님을 예배하고 사람을 사랑하는 일에는 게을렀습니다.
저 역시 삶이 힘들고 어려울 때는
주님께 기도하는 일에 열심을 내었으나,
삶이 평탄하고 여유로울 때는 영적으로 게을렀습니다.
그래서 제 삶이 풍요로울 때
주님께 영적으로 민감하게 반응하지 못했습니다.
주님, 저를 불쌍히 여겨 주옵소서.
잠자고 있는 저의 영혼을 깨워 주옵소서.
주님을 예배하는 일에 열심을 다하겠습니다.
사람을 사랑하고 예수를 전하는 일에 부지런해지겠습니다.
주님, 앞으로 주의 일에 열심을 다하는
주님의 제자가 되겠습니다.

부지런하여 게으르지 말고 열심을 품고 주를 섬기라. 소망 중에 즐거워하며
환난 중에 참으며 기도에 항상 힘쓰며 성도들의 쓸 것을 공급하며 손 대접
하기를 힘쓰라. _롬 12:11-13

우스 땅에 욥이라 불리는 사람이 있었는데 그 사람은 온전하고 정직하여 하나님을 경외하며 악에서 떠난 자더라. 그에게 아들 일곱과 딸 셋이 태어나니라. 그의 소유물은 양이 칠천 마리요 낙타가 삼천 마리요 소가 오백 겨리요 암나귀가 오백 마리이며 종도 많이 있었으니 이 사람은 동방 사람 중에 가장 훌륭한 자라. _욥 1:1-3

여호와께서 사탄에게 이르시되 네가 내 종 욥을 주의하여 보았느냐. 그와 같이 온전하고 정직하여 하나님을 경외하며 악에서 떠난 자가 세상에 없느니라. 네가 나를 충동하여 까닭 없이 그를 치게 하였어도 그가 여전히 자기의 온전함을 굳게 지켰느니라. _욥 2:3

06

절망에 빠진 욥

    내가 섬기고 있는 상담실에는 대부분 깊은 '절망'에 빠진 사람들이 찾아온다. 그날 나를 찾아왔던 A집사님도 그런 사람 중 하나였다. 50대 초반인 A집사님은 특유의 근면성실함과 부지런함으로 직장 내에서 큰 인정을 받았고, 입사 동기들에 비해 매우 빠르게 승진을 거듭할 정도로 유능했다. 그런데 임원 승진을 바로 목전에 두었을 때, 어찌된 일인지 승진 누락이 되고 말았다. 잔뜩 기대를 하고 있던 터라 실망감은 더 컸다. 그러다 보니 마음속에 원망이 자리 잡았다. 처음에는 스스로를 원망했다. 승진에서 탈락한 이유가 자신의 부족함 때문이라 생각했기 때문이다. 그러다가 곧 다른 이들에 대한 원망의 마음이 생겨났다. '이 회사에서 나만큼 열심히 한 사람이 어디 있다고 나를 탈락시킨 거야? 너무하잖아!'

    자신에 대한 원망으로 시작된 마음은 다른 이에 대한 분노로 번져 갔다. 그리고 그 마음의 종착은 결국 절망 앞에서 멈춰 섰다. 승진이 누락되자 자신의 인생 전부가 다 부정당하는 느낌이 들었고, 그동안의 인생이 모두 실패한 것처럼 생각되었다. 전부 포기하고 싶어졌다. 그의 인생에 절망이 깃들기 시작한 것이다.

이처럼 절망은 우리로 하여금 삶에 대해 낙심하게 함으로써 치명상을 입힌다. 절망한 사람은 양쪽 다리가 모두 부러진 사람처럼 인생의 구렁텅이에 빠져 도통 일어날 생각을 하지 못한다. 그런 사람들을 만날 때면, 나는 종종 욥에 대한 이야기를 들려주곤 한다.

동방에서 큰 부자로 널리 이름을 알리던 욥은 하나님을 경외하고 악을 멀리하던, 정직하고 흠이 없던 사람이었다. 평생 승승장구하던 욥은 그가 바라고 소망하는 것을 다 이뤘기 때문에 남부러울 것이 없었다. 그에게 있어서 실패와 절망이라는 단어는 먼 나라의 이야기와도 같았다. 그러던 어느 날 욥에게 큰 비극이 찾아왔다. 처음에는 재산을 잃었고 다음에는 사랑하는 가족을 잃었다. 갑자기 찾아온 엄청난 비극에 건강했던 몸도 쇠약해졌다. 모두 다 무너져 내리자, 욥은 결국 토기조각으로 자기 몸을 긁어 댈 만큼 비참한 신세가 되고 말았다. 엄청난 절망이 순식간에 찾아와 그의 인생 전부를 파도처럼 쓸어가 버린 것이다.

욥처럼 우리도 종종 우리를 절망케 하는 상황에 직면하곤 한다. 원하던 승진에 실패했을 때, 대학입시에 낙방했을 때, 사랑하는 이에게 거절당했을 때, 사기를 당했을 때 등등 크고 작은 일들 앞에서 우리는 절망감을 느낀다. 절망은 미래를 꿈꿀 수 없도록 우리를 암울하게 만든다. 그래서 절망은 마음이 약해졌을 때 오는 질병과도 같다. 그 무엇보다 위력적인 힘을 가진 절망은 우리를 작아지게 만들고, 이 세상 앞에 겁쟁이로 만들며, 고통스럽게 하여 인생을 포기하도록 조종한다. 제아무리 잘나가고 성공한 사람이라 할지라도 이 부정적인 감정 앞에서는 맥없이 무너지고 만다.

또한 이 '절망'이라는 질병은 그동안 고난을 겪어 보지 않은 사람에게 더 큰 시련을 안겨 준다. 마치 면역력이 없는 순수한 아이가 질병에 더 잘 걸리는 것처럼, 그동안 고난을 겪지 못한 사람이 더 큰 절망감에 빠져들고 마는 것이다. 욥도 마찬가지였다. '절망'이 찾아오기 전까지 그의 인생에는 이렇다 할 큰 고난이 없었기에, 욥은 순식간에 인생의 나락으로 떨어졌다. 자신이 태어난 날까지 저주하며 고통스러운 눈물을 흘렸다.

그 후에 욥이 입을 열어 자기의 생일을 저주하니라. 욥이 입을 열어 이르되 내가 난 날이 멸망하였더라면, 사내 아이를 배었다 하던 그 밤도 그러하였더라면, 그 날이 캄캄하였더라면, 하나님이 위에서 돌아보지 않으셨더라면, 빛도 그날을 비추지 않았더라면. _욥 3:1-4

오래 전 어느 지인이 이사 심방을 요청하여 방문했던 적이 있다. 성도 중에는 이사할 때 기도를 받고 싶어서 심방을 요청할 때가 종종 있어서 좋은 뜻으로 찾아갔다. 그런데 도착한 곳은 허름한 반 지하 방이었다. 사연을 들어보니, 그 가족은 사업이 망해 예전의 집에서 쫓겨나 작은 반 지하 방으로 이사를 온 것이었다. 보통 평수를 넓혀 새 집으로 갈 때 이사 심방을 요청하곤 하는데, 망해서 집을 줄여 이사하면서 심방을 요청한 경우는 처음이었다. 안타까운 마음을 표하는 나에게 그가 말했다.

"힘들지만 어쩌겠어요. 지금 내 눈앞에 펼쳐진 현실인데 좋게 생각해야지요. 인생지사 새옹지마고, 그럴수록 더 큰 믿음으로 주님을 섬기려 합니다."

그의 말은 내 가슴에 깊은 감명을 주었다. 그의 말처럼 좋은 날이 있으면 궂은 날도 있는 법이다. 그러므로 좋은 날에 교만하지 말고, 좋지 않은 날에 절망해서도 안 되는 것이다. 부정적인 마음이 아닌 긍정적인 마음을 먹고 생활할 때 비로소 절망이라는 감정을 해결할 수 있기 때문이다.

유독 절망을 잘 극복하지 못하는 사람들을 보면 대부분 지금껏 아무런 어려움 없이 살아온 경우가 많다. 그 이유는 그들이 쌓아 온 고난 지수가 상당히 낮기 때문이다. 평생 승승장구 꽃길만 걸으면서 고난과 시련에 대해 생각해 볼 겨를도 없었기 때문에 막상 고난이 닥쳐오면 속수무책으로 무너지고 마는 것이다.

반면 고난 지수가 상당히 높아 절망 앞에서도 무릎을 꿇지 않는 사람들도 있다. 살면서 산전수전 공중전까지 다 겪어 본 사람들이 보통 여기에 속한다. 그들은 이미 많은 고난과 역경을 겪어 왔기 때문에 이 또한 지나갈 것이라는 믿음을 갖고 크게 절망하지 않는다. 그저 극복해야 할 하나의 사건으로만 여긴다.

그러므로 절망이라는 부정적인 감정을 다스리기 위해서는 먼저 자신의 고난 지수를 높여야 한다. 그 방법은 인생에서 만나는 고난과 역경을 피하지 말고 부딪히는 것이다. 그래야 고난 앞에서도 스스로 극복할 수 있고, 절망의 감정을 다스릴 수 있다. 하지만 대부분의 사람은 고난과 역경을 만났을 때 정면 승부를 펼치는 대신 도망가거나 회피하는 것을 택한다. 그것이 부딪혀 싸우는 것보다 훨씬 더 쉽게 여겨지는 것이다. 하지만 그럴수록 절망감은 점점 더 커져 우리를 짓누르고 더 깊은 어둠 속에 잠식되도록 만든다.

욥도 그랬다. 느닷없이 찾아 온 절망 때문에 삶에 어떠한 소망도 가지지 못했다. 그래서 하늘도 땅도 바라보지 않고, 하나님이 아닌 자신의 운명만을 바라보며 신세를 한탄했다. 그러나 다행히도 그는 자신의 절망 속에만 계속 사무쳐 있지 않고 다시 고개를 들어 하나님을 찾는 기도를 올렸다. 그래서 욥은 절망 속에서도 소망이신 하나님을 눈으로 보고 회개하면서 절망을 극복할 수 있었다. 도망치거나 회피하는 대신, 하나님을 직접 만남으로 현실의 절망에서 벗어날 수 있게 된 것이다.

> 욥이 여호와께 대답하여 이르되 주께서는 못 하실 일이 없사오며 무슨 계획이든지 못 이루실 것이 없는 줄 아오니 무지한 말로 이치를 가리는 자가 누구니이까. 나는 깨닫지도 못한 일을 말하였고 스스로 알 수도 없고 헤아리기도 어려운 일을 말하였나이다. 내가 말하겠사오니 주는 들으시고 내가 주께 묻겠사오니 주여 내게 알게 하옵소서. 내가 주께 대하여 귀로 듣기만 하였사오나 이제는 눈으로 주를 뵈옵나이다. 그러므로 내가 스스로 거두어들이고 티끌과 재 가운데에서 회개하나이다. _욥 42:1-6

안타깝게도 하나님을 섬기는 우리 그리스도인 가운데에

도, 절망의 부정적인 감정에 휩싸여 좀처럼 일어나지 못하는 사람들이 많다. 이런 절망감에서 탈출하기 위해서는 우선 실패와 좌절을 경험했을 때 스스로를 탓하지 않아야 한다. 욥이 그랬듯 "태어나지 말걸. 그랬다면 이런 고통도 없었을 텐데"라고 말하거나, 도망치고 회피해서는 안 된다. 최악의 상황으로 나를 몰아가면 갈수록 더 큰 고통에 빠지는 것은 바로 나 자신이기 때문이다.

따라서 절망에 사로잡힌다 하더라도 '모든 것이 다 끝났다'고 자포자기하지 말고, 그럼에도 나는 이겨 낼 수 있다는 용기와 지혜를 갖춰야 한다. '이제 내 인생은 다 끝났구나' 하며 절망하기보다, '앞으로 남은 시간 동안 또다시 도전할 수 있는 기회를 받았구나' 생각하며 긍정적인 마음을 가져야 한다.

어찌 보면 절망과 소망은 한 끗 차이다. 즉 어떤 마음을 먹고, 어떤 선택을 하느냐에 따라 절망이 되기도 하고 소망이 되기도 하는 것이다. 그렇기 때문에 우리는 절망의 순간이 왔을 때 큰 의지를 발휘해 소망을 택하기로 결단해야 한다. 욥이 최후의 순간 하나님께 손을 내밀어 구원을 받았듯, 우리도 하나님께서 삶을 다시 일으켜 주실 것이라는 강한 확신과 믿음을 가져야만 절망에서 벗어날 수 있다.

우리는 살면서 언제든 실패를 경험할 수 있다는 사실을

인정해야 한다. 계획했던 일이 전부 잘 안 될 수도 있고, 가졌던 모든 것을 순식간에 몽땅 잃어버릴 수도 있다. 하지만 이럴 때 자신이나 주변 사람을 원망하거나, 낙심하거나, 인생 모두를 포기해서는 안 된다. 절망과 마주 섰을 때 우리는 하나님이 나를 사랑하셔서 이런 어려움을 허락하셨다고 여기며 현실을 받아들이고, 앞으로의 삶을 새롭게 모색해야 한다. 하나님이 나의 인생을 붙잡고 계시기에 반드시 다시 일어날 수 있음을 믿으며 절망과 맞서야 한다.

위로를 구하는 기도

주님, 제 안에 욥이 경험한 절망이 있음을 고백합니다.
절망은 오늘 저에게 감사를 잃어버리게 했고
원망을 가져다주었습니다.
그래서 오늘 하루의 삶에 만족하지 못했습니다.
절망은 내일의 삶에 대해 두려움을 안겨 주었습니다.
그래서 인생에 대해 소망을 갖지 못하게 했습니다.
절망에 사로잡혀 살았던 저를 불쌍히 여겨 주옵소서.
소망으로 저를 치유하여 주시옵소서.
주님께서 제 인생을 붙잡고 계시고 승리하게 하신다는
믿음을 갖겠습니다.

소망의 하나님이 모든 기쁨과 평강을 믿음 안에서 너희에게 충만하게 하사
성령의 능력으로 소망이 넘치게 하시기를 원하노라. _롬 15:13

여호와의 사자가 아비에셀 사람 요아스에게 속한 오브라에 이르러 상수리나무 아래에 앉으니라. 마침 요아스의 아들 기드온이 미디안 사람에게 알리지 아니하려 하여 밀을 포도주 틀에서 타작하더니 여호와의 사자가 기드온에게 나타나 이르되 큰 용사여 여호와께서 너와 함께 계시도다 하매 기드온이 그에게 대답하되 오 나의 주여 여호와께서 우리와 함께 계시면 어찌하여 이 모든 일이 우리에게 일어났나이까. 또 우리 조상들이 일찍이 우리에게 이르기를 여호와께서 우리를 애굽에서 올라오게 하신 것이 아니냐 한 그 모든 이적이 어디 있나이까. 이제 여호와께서 우리를 버리사 미디안의 손에 우리를 넘겨 주셨나이다 하니 여호와께서 그를 향하여 이르시되 너는 가서 이 너의 힘으로 이스라엘을 미디안의 손에서 구원하라 내가 너를 보낸 것이 아니냐 하시니라. 그러나 기드온이 그에게 대답하되 오 주여 내가 무엇으로 이스라엘을 구원하리이까. 보소서 나의 집은 므낫세 중에 극히 약하고 나는 내 아버지 집에서 가장 작은 자니이다 하니 여호와께서 그에게 이르시되 내가 반드시 너와 함께 하리니 네가 미디안 사람 치기를 한 사람을 치듯 하리라 하시니라. _삿 6:11-16

07

자존감이 낮은 기드온

구약성서 사사기에 등장하는 기드온은 '베어 쓰러뜨리다', '벌목하는 사람'이라는 뜻의 이름을 가진 사람이다. 이름의 뜻처럼 그는 밀과 보리를 타작하며 생계를 꾸렸다. 성경에서는 종종 가장 작고 초라한 자를 언급해야 할 때 기드온에 대한 예시를 들곤 하는데, 그것은 그가 겁이 많고 비겁한 사람이었기 때문이다.

당시 이스라엘은 툭하면 이웃 나라 미디안 사람들에게 약탈을 당했다. 기드온은 미디안 사람들이 자신에게 해코지를 할까 너무 두려웠던 나머지 밀을 타작할 때마다 포도즙 짜는 통 속에 숨어서 작업을 했다. 원래 밀타작과 보리타작은 넓은 마당에서 해야 하는 것이었음에도, 겁이 너무나 많았기 때문에 제대로 작업을 수행하지 못했던 것이다.

기드온은 늘 자신에 대한 자신감과 자존감이 낮았다. 여기서 자존감이란 '자신과 타인에게 부정적인 반응을 불러오지 않는 범위 내에서 자신을 긍정적으로 평가하는 마음'을 뜻한다. 기드온은 자신의 집안이 므낫세 사람들 가운데 가장 작고 어리다고 생각했고, 본인도 너무나 나약하고 무기력한 사람이라고 생각했다. 그래서 하나님의 일을 할 때에도 자신의 영적 상태와 학벌, 형편, 재정, 건강에 자신감이 없었기에 그 일을 도맡기 불가능하다며 미리 겁부터 먹었다.

이처럼 자존감이 너무 낮다 보니 스스로를 너무나 하찮게 생각하여, 지레 겁부터 먹고 도망쳐 버리는 사람들이 있다. 자존감이 낮은 사람들은 대부분 자기 존재감을 느끼지 못하고 살아간다. 다른 사람들의 눈을 의식하고, 전면에 나서는 것을 늘 두려워하며, 자신감 없는 삶을 영위해 나가는 것이다. 그들은 다른 사람들이 자신보다 훨씬 더 우월하기 때문에 내 모든 것을 비판할 것이라 의심부터 한다. 자기 자신을 사랑하지 않다 보니 다른 사람들도 나를 사랑하지 않을 것이라 생각하여 더욱 움츠러들고, 다른 이들과의 관계에서도 매우 소극적인 자세를 취한다. 그러다 보면 우울증이 찾아온다.

상담을 할 때면 유독 우울증을 호소하며 찾아오는 사람들이 많다. 그들과 대화를 나누다 보면 공통적인 특징을 발견하곤 하는데, 그것은 바로 자기 자신을 사랑하지 않는다는 것이다. 자신을 사랑하지 않다 보니 다른 이들도 나를 사랑하지 않을 것이라 지레짐작한다. 또한 자신을 사랑하지 못하기 때문에 다른 사람이 자신에게 주는 사랑에만 치중한다. 그러다 다른 사람들이 내가 원하는 만큼 나를 존중해 주지 않으면 급격히 감정이 나빠지며 순식간에 우울한 상태로 돌입하고 만다.

버림받았던 상처 때문에 자존감이 매우 낮았던 자매가 있었다. 일찍이 어머니를 여의었던 자매는, 아버지가 재혼함에 따라 새어머니와 함께 살게 되었다. 새어머니는 동화 속 계모처럼 나쁜 분은 아니었지만, 제대로 사랑을 베풀어 줄 정도로 인정 많은 분도 아니었다. 아버지도 마찬가지였다. 자매는 늘 관심과 사랑에 목이 말랐지만 부모는 그녀에게 충분한 애정을 주지 않았다. 더 큰 문제는 아버지와 새어머니 사이에 새로 아이가 태어났을 때부터 시작되었다. 아이가 태어나자 그녀는 부모의 관심에서 완전히 벗어나게 되었다. 물론 폭행을 가하거나 배고픔에 허덕이게 만든 것은 아니었다. 부모가 해야 하는 모든 도리는 다 해 주었다. 그런데도 그 자매는 매일 허기를 느꼈다.

어느 날, 학교를 마칠 때쯤 세찬 소나기가 내렸다. 우산이 없던 그 자매는 교문 앞을 서성댔다. 혹시 새엄마가 우산을 가져와 주지 않을까 싶어서였다. 하지만 새엄마는 끝내 오지 않았고, 그 자매는 우산 없이 비를 맞으며 걸어갔다. 눈물과 빗물이 뒤엉켜 흘러내렸다. 비참한 기분이 들었다. 오랜 시간이 흘러, 성인이 된 그 자매는 남자친구를 사귀게 되었다. 세상에서 날 사랑해 주는 사람이 생겼다는 것이 그 무엇보다 기뻤다. 그런데 사랑을 받으면 행복해질 줄 알았던 삶은 오히려 더 큰 고통 속에 빠져 들어갔다.

그녀는 시시각각 남자친구의 연락에만 의존하기 시작했다. 조금만 연락이 되지 않거나, 애정표현이 줄어들면 불안한 생각부터 들었다. 애초부터 나 같은 사람을 사랑했던 것부터가 의심스럽다고 생각했다. 나처럼 모자란 사람을 왜 좋아하는지, 남자친구의 사랑 자체가 의심됐던 것이다. 그러면서도 혹시 남자친구가 나를 버리면 어쩌나 전전긍긍하며 그의 눈치만 살폈다. 다시 혼자가 되지 않기 위해 자기보다 남자친구를 더 위하며 살아갔다. 남자친구로부터 사랑받지 못하는 나는 조금의 가치도 없는 사람처럼 느껴졌다. 늘 자신이 모자라다고 생각했다.

기드온도 그랬다. 자신의 모자람을 늘 자책하며 어두운 통나무 속에 몸을 숨기기에만 바빴다. 그런 그에게 하나님이 찾아오셨다. 하나님은 그동안 기드온이 잊고 지냈던 중요한 사실을 깨우쳐 주셨다. 너는 소중한 사람이고, 용맹한 전사라는 것이다. 그 말씀을 통해 기드온은 자기 자신에 대한 부정적인 감정을 털어 버리고 긍정적인 모습으로 재탄생하게 된다. 자신이 사실 매우 똑똑하고 지혜로운 사람임을 새로이 깨달은 그는 새로운 용기를 받아 자존감을 회복한다. 그리고 더 이상 미디안 사람들에게 굴복하지 않고 앞서 나가 싸워서 승리함으로써, 세상을 변화시키는 능력자로 성장한다. 하나님의 인정을 통해 당당하고 자신감 있게 세상을 살아갈 수 있게 된 것이다.

자존감이 낮은 사람들에게 필요한 것은 어쩌면 스스로를 새롭게 여기는 '눈'일지도 모른다. 우리는 스스로를 너무 낮춰서 생각하는 경향이 있다. 하지만 하나님의 눈으로 자신을 바라보면 큰 시각 차이가 있다는 사실을 발견할 수 있다. 기드온은 자신을 나약하고 모자란 인간이라 일컬었지만, 하나님은 그를 '큰 용사, 힘이 센 전사, 강력한 영웅'이라고 인정해 주셨다. 우리 또한 마찬가지다. 우리는 하나님의 큰 용사이며, 자존감이 약한 사람이 아니다. 하나님은 우리를 그렇게 만들지 않으셨다. 그러므로 우리는 하나님의 인정을 받는 사람이라는 믿음을 갖고 스스로 변화되어야 한다.

우리는 계속해서 자존감을 키우도록 노력하며 살아야 한다. 육체를 건강하게 만들기 위해 매일 아침 열심히 운동을 하는 것처럼, 마음과 영혼의 운동도 함께 병행해야 한다. 어쩌면 육체의 건강보다 더 건강해야 하는 것은 마음과 영혼의 건강일지도 모른다. 실질적으로 우리를 움직이게 만들어 주는 것은 마음과 영혼이기 때문이다.

실제로 자존감이 높은 사람들에게 공통적으로 나타나는 특징 또한 이 마음과 영혼의 단련과 관련이 많다. 자존감이 높은 사람들은 생활 속에서도 늘 스스로에 대한 '믿음'을 잃지 않기 위해 몇 가지 규칙을 가지고 살아간다. 그들은 스스로를 누구보다 소중하게 여기고, 자신이 가치 있는 사람이라 강하게 믿으며 살아간다. 절대로 자기 자신을 하찮게 여기지 않는다. 따라서 그들은 결코 자신을 다른 사람들과 비교하지 않는다. 자신이 좋아하는 것을 즐겁게 하며 살아가기 때문에 다른 사람들과 비교를 할 이유도, 그들의 평판에 신경을 곤두세울 필요도 없는 것이다.

또한 자존감이 높은 사람들은 타인과 자신을 비교하는 것보다 자신의 삶에 더 많이 집중하는 것이 낫다는 것을 잘 알고 있다. 다른 사람들의 평판보다 자기 스스로가 내리는 평판에 더 귀를 기울이다 보니, 다른 사람의 기대에 맞추며 살아가기보다 자기 자신의 기준에 맞추며 살아간다. 그들은 새로운 도전 앞에서 절대로 움츠러들지 않고, 걱정만 하기보다는 한번 부딪혀 보자는 긍정적인 마음을 갖는다. 만약 실패를 하게 되더라도, '앞으로도 절대 난 못할 거야'라고 생각하는 대신 '이번에는 실패했지만 다음에는 꼭 성공해야지'라고 생각한다. 스스로 '나는 소중한 사람이고, 가치 있는 사람이야'라고 믿어야만 비로소 자존감이 높아지는 것이다.

그래서 우리 삶에서 '믿음'과 '인정'이 매우 중요하다. 용기 없는 기드온의 삶을 순식간에 바꿔 놓은 것은 하나님의 '인정'이었다. 자존감이 높은 사람들이 행복하게 삶을 살아갈 수 있는 것 또한 스스로의 존재 자체를 '인정'하고 축복하며 살아가기 때문이다. 스스로를 인정하면, 자신을 사랑하는 마음이 저절로 가슴속에 피어난다. 그것만으로도 우리는 세상을 다 가진 것처럼 행복해질 수 있다. 마치 첫눈에 반한 사람을 마주하듯 자신을 새롭게 받아들여야 삶에 설렘이 가득 차고 따뜻해질 수 있다. 그래서 나는 내가 주최하는 한마음 예배 시간에서 '축복의 시간'이라는 것을 꼭 진행한다. 한 사람, 한 사람 이름을 불러 주며 서로를 축복하고 꼭 안아 주는 사랑의 시간이다. 이 예배에 참석하는 사람들은 다른 사람이 자신의 이름을 불러 주는 것만으로도 자신의 존재가 인정받는 것 같다며 기뻐하곤 한다.

자신을 세상에서 가장 나약하고 작은 자라고 여기며 통나무 속에 숨어 지내던 기드온은 나약한 자신에 지배를 받는 사람이었다. 그래서 자신은 아무것도 할 수 없다고 탄식하던 사람이었다. 자존감이 낮은 그는 스스로를 세상에서 가장 못난 자라고 여김으로써 자신의 존재를 가치 없는 것처럼 만들어 버렸다. 그러나 하나님은 기드온에게 '인정'과 '믿음'을 주심으로써 그의 연약함을 허물 벗기듯 벗겨 버리셨다. 하나님의 눈을 통해 자신의 진짜 모습을 발견한 기드온은 그때부터 자신의 진짜 모습으로 살아갈 용기를 갖고 자존감을 드높이는 삶을 살아갔다.

기드온이 변화했던 것처럼 우리도 충분히 변할 수 있다. 자신을 미워하고 못마땅하게 여기는 것은 마치 스스로 두 다리를 잘라 버리는 것과 같다. 내 손으로 두 다리를 잘라 버렸는데 어떻게 똑바로 설 수 있겠는가. 호랑이에게 물려가도 정신만 바짝 차리면 살 수 있다는 말처럼, 세상이 아무리 무섭고 험해도 우리가 우리 자신을 사랑한다면 이 세상을 반드시 이겨 낼 수 있다. 우리가 세상에서 쉽게 패배하는 이유는 세상의 힘이 너무나 거대해서가 아니라, 우리가 자신을 믿지 않고, 자신을 사랑하지 않았기 때문이다. 따라서 이제는 내가 먼저 나 자신에게 손을 내밀어 주자. 사랑해 주고 아껴 주자. 그것만으로도 우리는 기드온처럼 새로운 삶을 살 수 있을 것이다.

위로를 구하는 기도

주님, 기드온처럼 저는 제 자신을 사랑하지 못했습니다.
제 자신을 소중히 여기지 못했고,
가치 있는 자라고 여기지 못했습니다.
늘 제 자신을 바라보며, 못난 사람이라고,
형편없는 자라고 못마땅하게 여겼습니다.
그래서 열등의식 속에 사로잡혀 살아야 했습니다.
주님이 저를 소중하고 가치 있는 사람으로
만들어 주셨음을 알지 못했습니다.
오! 주님, 주님의 눈으로 제 자신을 보게 하옵소서.
그래서 제가 얼마나 소중하고 가치 있는 자인지
깨닫게 하옵소서.
너는 쓸모없는 자이고, 가치 없는 자라고 말하는
사탄의 소리에는 귀를 닫게 하시고
너는 보배롭고 존귀한 자라고 말씀하시는
주님의 음성에는 귀를 기울이게 하옵소서.

네가 내 눈에 보배롭고 존귀하며 내가 너를 사랑하였은즉 내가 네 대신 사람들을 내어 주며 백성들이 네 생명을 대신하리니. _사 43:4

그들이 여리고에 이르렀더니 예수께서 제자들과 허다한 무리와 함께 여리고에서 나가실 때에 디매오의 아들인 맹인 거지 바디매오가 길 가에 앉았다가 나사렛 예수시란 말을 듣고 소리 질러 이르되 다윗의 자손 예수여 나를 불쌍히 여기소서 하거늘 많은 사람이 꾸짖어 잠잠하라 하되 그가 더욱 크게 소리 질러 이르되 다윗의 자손이여 나를 불쌍히 여기소서 하는지라. 예수께서 머물러 서서 그를 부르라 하시니 그들이 그 맹인을 부르며 이르되 안심하고 일어나라 그가 너를 부르신다 하매 맹인이 겉옷을 내버리고 뛰어 일어나 예수께 나아오거늘 예수께서 말씀하여 이르시되 네게 무엇을 하여 주기를 원하느냐. 맹인이 이르되 선생님이여 보기를 원하나이다. 예수께서 이르시되 가라 네 믿음이 너를 구원하였느니라 하시니 그가 곧 보게 되어 예수를 길에서 따르니라. _막 10:46-52

08

상처투성이 바디매오

우리는 모두 저마다의 상처를 가지고 살아간다. 바디매오도 깊은 상처를 안고 있는 사람이었다. 바디매오가 부모에게도 버림받고 사회에서도 천시받았던 이유는 맹인으로 태어났기 때문이었다. 옛 유대 사회는 정결법에 따라 움직이는 사회였기에 부정한 병이나 부정한 몸으로 태어난 사람은 정결한 사람과 함께 생활할 수 없었다. 그러한 상황 속에서 아마 바디매오는 부모로부터 일찍이 버림받아 세상에서 소외되었을 것이고, 삶을 계속 영위하기 위해서 구걸을 해야만 했을 것이다.

'바디매오'라는 이름도 그런 그의 삶을 잘 대변해 준다. '디매오의 아들'이라는 뜻의 바디매오는 자기 정체성 없이 그저 디메오의 아들로 살아갔으며, 부모의 따뜻한 사랑과 가정의 보살핌을 한 번도 경험해 보지 못한 채 사람들의 냉대를 받으며 배고픔 속에 살아간 자였다.

어쩌면 우리가 살아가는 세상도 옛 유대 사회와 비슷한지도 모른다. 안타깝게도 이 세상은 상처 입은 사람들을 보듬어 주는 대신 소외시키는 것을 택하곤 한다. 이 냉담한 사회로 인해 상처를 입은 사람들은 세상에 대한 희망을 갖기보다 분노하게 된다.

바디매오도 그랬다. 그에게는 앞이 안 보이는 육체적인 상처보다 내면에서 오는 고통이 더욱 컸다. 도대체 나는 왜 이렇게 태어난 것일까, 세상은 왜 이리 야속하게만 구는 것일까, 자신의 모습이 늘 수치스러웠고 원망스러웠다. 그런 상황 속에서 바디매오는 예수님이 그가 사는 지역을 지나가신다는 소식을 듣고 얼른 쫓아가 외쳤다. 그리고 바디매오가 예수님을 향해 간절히 도움을 청했을 때 주님은 그를 돌아보셨다.

지난 2005년 온누리교회에서 처음 전임 사역을 시작했을 때 평생 처음으로 자동차를 구입했다. 중고로 샀던 경차였지만 내게는 소중한 첫 차였다. 너무도 소중해서 할 수 있는 한 최선을 다해 아껴 주었다. 공간이 최대한 여유로운 곳에 주차를 했고, 차에 무리가 갈까 걱정이 되어 조심조심 운전했다. 누가 보면 최고급 외제 승용차를 타는 것으로 오해할 만큼 애지중지했다.

그런데 그렇게 아끼고 또 아껴 주어도 차에는 조금씩 흠집이 나기 시작했다. 물건이라는 것이 원래 사용을 하다 보면 어쩔 수 없이 낡아지고 해질 수밖에 없는 것이지만, 그래도 마음이 많이 아팠다. 어느 날에는 아파트 주차장에서 일어난 사고로 앞 범퍼가 완전히 구겨지는 일도 있었다. 그렇게 크고 작은 사고가 있을 때마다 나는 크게 상심했다. 우습지만, 내 차가 이렇게 나쁜 주인을 만나 고생을 하는가 싶어 미안하기까지 했다. 상처가 날 때마다 정성껏 수리를 하고 최대한 아끼며 탔는데, 자꾸만 또 다른 곳에 상처가 나는 것이 반복되자 나중에는 결국 포기를 하게 되었다. 아껴 주고 또 아껴 주었는데도 이렇게 계속 상처가 나다니, 너무도 슬펐다.

낙심하고 있는 내게 어느 목사님이 이런 말을 해 주었다.
"목사님, 차는 소모품이에요. 그러니까 탈 수 있을 때 마음껏 타세요. 그게 남는 거예요. 그냥 감사한 마음으로 타면 되는 거예요."

그 당연한 말을 듣는데, 순간 마음속이 완전히 편해졌다. 맞다. 내 차에 났던 상처는 보기에만 조금 거슬릴 뿐이지 타는 데는 전혀 지장을 주지 않았다. 우리 마음속의 상처 또한 마찬가지다. 내 마음속에 흠집을 낸 상처는 삶을 살아가는 데는 전혀 지장을 주지 않는다. 그저 속만 쓰리게 만들 뿐이다. 그런데도 우리는 상처 때문에 주저앉기를 선택한다. 앞으로의 인생을 살아가는 것을 포기해 버린다.

새 차에 난 작은 흠집이 우리의 기분을 상하게 하는 것처럼 우리 안에 깊이 새겨진 상처도 더 이상 삶을 즐겁게 살아가지 못하게 만든다. 계속 그 상처에 얽매여서 신경을 쓰게 한다. 종이에 벤 작은 상처가 계속 신경을 곤두서게 하는 것처럼, 상처도 그렇다. 하지만 상처는 상처일 뿐, 우리 인생을 멈추게 하지 못한다.

바디매오를 돌아보신 예수님도 바디매오에게 그렇게 말씀하셨다. 예수님은 자신에게 도움을 요청한 자를 외면하지 않으셨다. 그리고 그가 새로운 눈으로 자신을 따를 수 있도록 구원을 주셨다.

우리가 상처를 대할 때도 바디매오와 같은 용기가 필요하다. 우리 내면의 상처는 숨기면 숨길수록 더 깊이 우리를 고통스럽게 하기 때문에 내면의 상처를 빨리 회복하기 위해서는 주변에 도움을 요청해야만 한다. 마치 무릎을 다친 어린아이가 울면서 엄마에게 자신의 상처를 보여 주고 도움을 요청하는 것처럼 말이다. 자신의 상처를 주위에 드러내고 도움을 요청하면 우리는 상처를 극복하고 새롭게 앞으로 나아갈 수 있다.

또한 상처를 하나님께 가지고 나아갈 때에는 그보다 앞서 자신의 상처가 어떤 것인지를 정확히 잘 파악하고 있어야 한다. 나의 상처가 무엇인지, 이 상처는 무엇 때문에 생겨났는지, 이 상처는 지금 나를 어떻게 힘들게 하는지를 스스로 알아야만 도움을 청할 수 있기 때문이다. 의사 선생님 앞에서 자신의 아픈 곳을 정확히 말해야 치료를 잘 받을 수 있는 것처럼, 예수님 앞에서도 우리의 연약함과 상처를 솔직히 고백해야만 온전한 치유를 받을 수 있다.

그러고 난 다음에는 우리가 숨기고 있던 상처를 받아 줄 수 있는, 신뢰할 수 있는 사람에게 이 모든 것을 고백하는 것이 좋다. 자신의 감정을 억누르지 말고 모든 것을 다 털어놓고 위로받고 격려받으면 상처가 더욱 빨리 회복될 수 있기 때문이다.

마음이 우울하다고 해서 혼자 있으면 더 깊은 우울과 절망으로 치닫게 된다. 하나님께 도움을 요청하듯 신뢰할 수 있는 이에게 도움을 요청한다면, 그래서 내 곁에 건강한 내면을 가진 사람이 손을 내밀어 준다면, 나의 상처도 더 빨리 극복될 수 있다. 본디 사람은 관계를 통해 변화하는 동물이기 때문에, 건강한 사람이 곁에 있으면 그 사람의 건강한 영향을 받을 수 있다. 그러므로 상처가 난 사람 곁에는 영적으로 건강한 사람이 있어야 회복 속도가 더욱 빨라질 수 있는 것이다.

마지막으로 해야 할 것은 상처 입은 자기 자신을 스스로 위로해 주고, 내게 상처를 입힌 사람을 용서하는 것이다. 상처 때문에 마음과 영혼이 고통당한 나를 가장 먼저 위로해 줄 수 있는 것은 다름 아닌 나 자신이다. 지금까지 내 인생의 발목을 잡은 상처를 훅훅 털어내지 못한 것은 자기 자신과의 대화를 거부했기 때문이다. 상처를 극복하고 새로운 세상을 향해 걸어가기 위해서는 무엇보다 나 자신을 위로하는 것이 필요하다.

그리고 상처를 치료해 주듯이, 내게 상처를 준 사람을 용서해야 한다. 그 사람을 위해서가 아니라 바로 나 자신을 위해서 그렇게 해야 하는 것이다. 상처를 준 사람이 내 마음속에 계속 머물러 있는 이상, 그 상처도 내 가슴속에 계속 머물러서 나를 속박한다. 상처로부터 자유로워지기 위해서는 상대방을 용서하고 이해해야 한다. 그래야 비로소 내 안의 상처가 치유될 수 있다.

인생을 자세히 들여다보면 좋은 일보다 슬픈 일이 더 많고, 행복한 일보다 불행한 일이 더 많다는 것을 알 수 있다. 그래서 인간은 숙명적으로 상처투성이의 삶을 살아갈 수밖에 없다. 그 상처를 치유하지 않는 사람들은 평생 가슴속에 응어리를 간직한 채 아파하며 살아가게 된다. 그렇기 때문에 나 자신은 물론이고 다른 이들을 위해서라도 찢어진 마음을 봉합하는 위로와 넘어진 마음을 다시 세우는 격려가 필요한 것이다.

"몸이 천 냥이면, 눈은 구백 냥"이라는 말이 있다. '시각'은 생각보다 우리 삶에 많은 영향을 미친다. 나 또한 왼쪽 눈을 실명한 후 그것을 뼈저리게 느끼고 있다. 한쪽 눈의 실명으로 인해 시야가 무척 좁아지고 원근감을 느낄 수 없게 되자 마음에 걷잡을 수 없는 우울함이 찾아왔다. 한쪽 눈이 실명되어도 이렇게 힘이 드는데 양쪽 눈이 모두 불편했던 바디매오는 얼마나 힘이 들었을지 짐작조차 되지 않는다. 게다가 그는 삶을 영위하는 것조차도 힘들었다. 가족들은 그를 멀리했고, 사회는 그를 고립시켰다. 그로 인한 마음의 상처 또한 많았다.

바디매오의 육체적인 연약함은 그에게 큰 상처를 주고 삶을 비참하게 만들었다. 하지만 바디매오는 모든 것을 포기하고 그대로 주저앉지 않았다. 그에게는 아직 주님께 도움을 요청할 용기가 있었다. 바디매오는 불편한 몸으로 힘겹게 주님을 쫓아가 자신을 구원해 주시기를 간곡히 요청했다. 그리하여 주님은 그의 눈을 낫게 하심으로 연약함을 고쳐 주셨고, 그가 새롭게 삶을 살아갈 수 있도록 자신감을 불어 넣어 주셨다.

이처럼 주님에게 구원받기 위해서는 그분의 이름을 부를 수 있는 용기가 필요하다. 그리고 자신의 상처가 어떤 것인지 정확하게 설명할 수 있어야 하고, 또 스스로 연약함을 고치겠다는 의지를 보여야 한다. 그래야 상처에서 벗어날 수 있기 때문이다.

위로를 구하는 기도

주님, 제 안에는 상처가 너무나 많습니다.
지금까지 살아오면서 당했던
비난, 폭력, 무시, 학대, 무관심, 저주의 상처가
오늘 저를 짓누릅니다.
저에게 고통을 안겨 줍니다.
이 상처는 시간이 지날수록 더욱더 강렬하게
저를 괴롭히고 있습니다.
주님, 이 상처의 고통으로부터 저를 구원하여 주옵소서.
주님, 이 상처를 치유하여 주시고 회복시켜 주옵소서.
저의 내면 안에 깊이 박힌 상처의 못을 빼내어 주시고,
그 구멍 난 곳에 그리스도의 보혈을 덧입혀
살아나게 하여 주옵소서.

내가 그의 길을 보았은즉 그를 고쳐 줄 것이라. 그를 인도하며 그와 그를 슬퍼하는 자들에게 위로를 다시 얻게 하리라. 입술의 열매를 창조하는 자 여호와가 말하노라. 먼 데 있는 자에게든지 가까운 데 있는 자에게든지 평강이 있을지어다. 평강이 있을지어다. 내가 그를 고치리라 하셨느니라. _사 57:18-19

삼손이 가사에 가서 거기서 한 기생을 보고 그에게로 들어갔더니 가사 사람들에게 삼손이 왔다고 알려지매 그들이 곧 그를 에워싸고 밤새도록 성문에 매복하고 밤새도록 조용히 하며 이르기를 새벽이 되거든 그를 죽이리라 하였더라. 삼손이 밤중까지 누워 있다가 그 밤중에 일어나 성 문짝들과 두 문설주와 문빗장을 빼어 가지고 그것을 모두 어깨에 메고 헤브론 앞산 꼭대기로 가니라. _삿 16:1-3

09

정욕에 매달린 삼손

오래 전 도벽이 심한 어느 자매를 상담했던 일이 있다. 놀랍게도 그 자매는 집도 넉넉하고 생활수준도 상당히 높았다. 그런데도 어릴 적부터 시작된 도벽을 끊을 수가 없다며 나를 찾아왔던 것이다. 도벽이 처음 시작된 것은 초등학교 때였다. 학교 앞 문구점에서 연필 한 자루를 훔친 것을 시작으로 중·고등학교 때에는 친구의 지갑이나 액세서리까지 손을 대게 되었다.

도둑질에 성공할 때마다 마음은 점점 더 대범해져 성인이 되고 나서부터는 백화점이나 대형 서점에서도 물건을 훔치기 시작했다. 주님을 믿으며 마음을 다스려 보기도 했으나, 어떤 시기가 되면 갑자기 뭔가에 홀린 사람처럼 다른 사람의 물건에 손을 댔다. 그 물건이 고가의 상품이든, 저렴한 상품이든 상관없이, 물건을 훔친다는 그 행위 자체만으로도 기분이 달라졌다. 뭔가를 훔치고 싶은 충동은 자매에게 묘한 감정을 선사해 주었고, 물건을 훔치는 데 성공하면 그 어느 때보다 큰 기쁨에 휩싸였다.

일반적으로 도벽 증세는 엄한 부모 밑에서 자란 사람이나, 자녀에 대한 높은 기대와 기준을 가진 부모 밑에서 자란 사람, 혹은 부모의 사랑을 받지 못해 애정이 결핍되어 있는 사람에게서 쉽게 찾아볼 수 있다. 어린 시절 충분한 애정을 받지 못했던 기억은 곧 갖고 싶은 것을 갖지 못한 상처로 이어져, 다른 그 무엇을 훔치는 것으로 결핍된 마음을 대신하게 만드는 것이다.

내게 상담을 왔던 자매 또한 사랑이 없는 엄격한 부모 밑에서 자랐다. 가지고 싶은 것이 무척이나 많았지만 부모는 단 한 번도 그녀에게 그것을 선물해 주지 않았다. 그래서 그녀는 원하는 것을 갖기 위해서 남의 물건을 훔치는 것을 택했던 것이다.

성경에 나오는 삼손도 그랬다. 나실인의 가정에서 태어난 삼손은 매우 엄격하고 거룩하게 자란 사람이었다. 부모는 그를 매우 높은 영적 기준으로만 양육했기 때문에 삼손은 어려서부터 부모에게 따뜻한 애정을 느끼지 못하며 자라났다. 그 때문에 항상 애정에 목말라 있었고, 그 애정을 충족하기 위해서 부드럽고 따뜻한 여인들을 찾았다. 하지만 한 사람에게서 지고지순한 애정을 받는 것에 익숙하지 못했던 그는 결국 여성 편력이라는 '정욕'에 빠지게 된다. 그가 얼마나 정욕에 휩싸여 있었느냐 하면, 이스라엘 원수의 도시인 블레셋 땅에 들어가서까지 정욕을 채우려 할 정도였다. 그곳에서 그는 아리따운 매춘부를 보았는데 그 여인의 미모에 반해 하나님의 사람으로서의 본분을 망각하고 그녀의 집으로 따라 들어갔다. 자신의 정욕을 채움으로써 결핍에서 벗어나고자 했던 것이다.

다른 그 무엇도 아닌 정욕을 탐하느라 자신을 잃어버린 삼손이 그 누구보다 안타깝게 느껴지는 것은 그가 하나님께 특별한 사랑을 받았던 사람이기 때문이다. 사실 삼손은 매우 거룩하고 강한 사람이었다. 태어나기 전부터 기묘라 불리는 여호와의 사자가 그와 함께했고, 자라나는 과정에서도 여호와께서 특별히 그에게 복을 주셨으며, 사역을 시작하기 전에도 여호와의 신이 그와 함께하던 성령의 사람이었다. 뿐만 아니라 그가 사역하는 중에도 여호와의 신, 즉 성령이 그와 함께하고 있음이 몇 번이나 더 언급됐을 정도로 그는 당시 구약시대의 대표적인 성령의 사람이었다.

이처럼 나실인으로서 하나님의 특별한 관심과 기대를 한 몸에 받은 자였던 삼손은 누구보다 강한 힘을 선사 받아 블레셋을 벌벌 떨게 하는 위력을 나타냈으나, 사실 그 내면에는 '정욕'에 취약한 나약함과 연약함이 동시에 깃들어 있었다. 그리고 그가 가지고 있던 '정욕'이라는 연약함은 그를 파멸로 이끄는 단초가 되고 말았다.

다시금 느끼는 것이지만, 인간의 연약함이 이토록이나 무서운 것이다. 누구보다 하나님께 사랑받고 성령으로부터 축복받았던 그가 비참한 종말을 맞이하도록 한 것이 바로 그 '정욕'이라는 연약함이기 때문이다. 정욕은 우리 안에 있는 거룩함과 강함을 모두 다 잃게 만들 수 있을 정도로 엄청난 위력을 갖고 있다. 그래서 정욕에 한번 사로잡히면 그가 목회자이든, 사역자이든 상관없이 모두 쓰러지고 만다.

누구보다 강력한 힘을 갖고 있었던 삼손은 스스로의 정욕을 이기지 못해 무너지고 말았다. 여기서 정욕이란 단순히 성적인 욕구뿐만 아니라, 세상에 속한 것들에 대한 기쁨과 욕구의 개념들을 모두 포함하는 것이다. 정욕은 우리 안에 있는 거룩함과 강함을 다 잃게 만드는 힘이 있다.

우리 중에도 유독 어느 한 가지에 취약한 사람들이 있다. 다른 모든 것에서는 강하지만 유독 돈의 유혹에 약하거나, 술의 유혹에 너무 깊이 빠져들거나, 음주가무에 쉽게 흔들리는 사람들이 바로 그들이다. 내가 상담했던 사람들 중에서도 유독 한 가지에만 취약했던 삼손 같은 형제가 있었다. 그는 의지가 매우 강하고 믿음이 충만한 사람으로, 사람들과 어울리면 죄를 짓게 된다고 생각했기 때문에 개인적으로도 또 일적으로도 사람들과 어울리지 않았다. 또 음식의 유혹 앞에서도, 돈의 유혹 앞에서도, 술의 유혹 앞에서도 흔들리지 않고 굳건한 의지를 발휘했고, 사치품을 사지도 않고 도박을 즐기지도 않았다. 그가 취약했던 것은 단 한 가지, 바로 '여성'이었다.

물론 좋아하는 여자 앞에서 약해지는 것이 남자라지만, 이 형제는 유독 더 그랬다. 초등학교 시절 짝사랑하는 짝꿍한테 뚱뚱해서 너랑 짝하기 싫다는 말과 재수 없다는 말을 들은 이후, 그에게는 여성 공포증과 여성 혐오증이 생겼다. 그는 여성에 대한 분노를 가지고 있었고, 유독 예쁘고 화려한 여성만 보면 분노가 치밀어 올랐다. 그래서 그런 여성을 만나면 함부로 대하거나 해를 입혔다. 그러면서도 여성을 성적으로 정복하고 싶은 본능을 가지고 있어 혼자 유흥업소나 퇴폐업소를 찾곤 했다. 그런 후에야 자기 안의 본능이 사그라졌기 때문이다.

삼손도 그랬다. 그는 자신이 여자에게 약한 것을 알면서도 음란한 곳에 가는 것을 멈추지 못했다. '정욕'으로 인한 발걸음을 주체하지 못하고 적진의 한복판으로 들어간 삼손을 둘러싼 것은 그에게 원한을 갖고 있던 가사 사람들이었다. 적군은 교묘한 술수로 삼손의 약점을 파악했다. 그리고 그가 함정에 걸려들었다는 소식을 듣고는 그를 죽이기 위해 에워쌌다. 마지막에 가서야 삼손은 하나님을 부르짖었지만, 그럼에도 결국 그 정욕으로 인해 비참한 최후를 맞이하고 말았다.

> 삼손이 여호와께 부르짖어 이르되 주 여호와여 구하옵나니 나를 생각하옵소서. 하나님이여 구하옵나니 이번만 나를 강하게 하사 나의 두 눈을 뺀 블레셋 사람에게 원수를 단번에 갚게 하옵소서 하고 삼손이 집을 버틴 두 기둥 가운데 하나는 왼손으로 하나는 오른손으로 껴 의지하고 삼손이 이르되 블레셋 사람과 함께 죽기를 원하노라 하고 힘을 다하여 몸을 굽히매 그 집이 곧 무너져 그 안에 있는 모든 방백들과 온 백성에게 덮이니 삼손이 죽을 때에 죽인 자가 살았을 때에 죽인 자보다 더욱 많았더라. _삿 16:28-30

세상 그 무엇도 두려워하지 않던 삼손은 정욕이라는 자신의 연약함 때문에 원수들과 함께 자기 자신도 죽고 말았다. 이와 마찬가지로 우리도 약점을 극복하기에는 너무나 나약한 존재다. 급소를 잘못 맞으면 사망하거나 불구가 되는 것처럼, '정욕' 또한 우리의 약점인 급소를 쳐서 우리를 쓰러트린다. 문제는 그것이 너무나 달콤하고 짜릿하여, 함정이라는 것을 뻔히 알면서도 그 안에 자신을 던져 버린다는 것에 있다.

음란물 중독자들도 음란 동영상을 끊고 싶어 한다. 하지만 밤에 혼자 있으면 자연스레 컴퓨터 앞에 앉아 있게 된다. 도박 중독자들도 마찬가지다. 누구보다 도박을 끊으려 안간힘을 써 보지만, 자기 힘으로는 도저히 불가능해 결국 도박의 유혹에 굴복하고 만다. 우리의 의지만으로 육체의 정욕을 이긴다는 것은 사실상 매우 어렵다.

들끓어 오르는 정욕 때문에 스스로 고통받는 사람들은 대부분 자신이 진정으로 사랑해야 하는 대상을 찾지 못해서 그러는 경우가 많다. 진정으로 내가 사랑할 수 있는 대상을 찾아야만 내 마음속에 있는 정욕을 뿌리칠 수 있는 것이다. 연애 시절에 그러했던 것처럼 배우자를 뜨겁게 사랑하고, 자녀를 감동시킬 만큼 사랑해 주고, 부모님에 대한 사랑을 표현한다면 '정욕'이라는 연약함에서 조금은 벗어날 수 있게 될 것이다.

'정욕'을 이기기 위해서는 사랑해야 할 대상을 사랑해야 한다. 정욕은 사랑해서는 안 될 대상에게 다가가도록 우리를 부추긴다. 그리고 그것은 하나님이 허락하신 방법이 아닌, 세속적인 방법으로 내 욕구를 채워 주기 때문에 곧 죄가 되고 만다.

그러므로 우리는 모든 것의 기준을 자기에게 두는 것을

멈추고, 진정으로 사랑해야 하는 대상들과 하나님께 모든 마음을 다 바쳐야 한다. 돈과 명예와 세상의 유희, 그중 어느 것 하나도 하나님의 사랑보다 더 큰 행복을 주는 것은 없다는 믿음을 가져야 한다.

| 위
| 로
| 구
| 하
| 는
| 기
| 도

사랑하는 아버지,
저희에게 육체의 정욕을 제어할 수 있는 은혜를 허락하소서.
먹고, 마시고, 많이 자고, 게으르고 나태하고 싶은 욕구를
이길 수 있게 도우소서.
저희가 음식과 의복과 잠과 일을 적당히 취하고
깨어서 수고하며 금식하며
저희의 육체를 선한 사업에 쓰도록 도우소서.
모든 악과 부정한 것에 끌리는 마음과 욕구를
그리스도와 함께 십자가에 묶어 죽임으로써
그들의 유혹에 동의하지 않고 따르지 않게 하소서.
아름다운 사람이나 형상과 피조물을 볼 때
유혹 받지 말게 하시고,
피조물에 나타난 당신을 찬양하고 순결함을
사랑하는 기회가 되게 하소서.
달콤한 소리를 듣고, 감각을 즐겁게 하는 것을 느낄 때,
그 속에서 정욕을 찾지 말게 하시고 당신을 찬양하고 높이는
모습을 찾게 하소서.
_척 스윈돌의 기도 중에서

그리스도 예수의 사람들은 육체와 함께 그 정욕과 탐심을 십자가에 못 박았
느니라. _갈 5:24

사울이 요나단의 말을 듣고 맹세하되 여호와께서 살아 계심을 두고 맹세하거니와 그가 죽임을 당하지 아니하리라. 요나단이 다윗을 불러 그 모든 일을 그에게 알리고 요나단이 그를 사울에게로 인도하니 그가 사울 앞에 전과 같이 있었더라. 전쟁이 다시 있으므로 다윗이 나가서 블레셋 사람들과 싸워 그들을 크게 쳐 죽이매 그들이 그 앞에서 도망하니라. 사울이 손에 단창을 가지고 그의 집에 앉았을 때에 여호와께서 부리시는 악령이 사울에게 접하였으므로 다윗이 손으로 수금을 탈 때에 사울이 단창으로 다윗을 벽에 박으려 하였으나 그는 사울의 앞을 피하고 사울의 창은 벽에 박힌지라. 다윗이 그 밤에 도피하매 사울이 전령들을 다윗의 집에 보내어 그를 지키다가 아침에 그를 죽이게 하려 한지라 다윗의 아내 미갈이 다윗에게 말하여 이르되 당신이 이 밤에 당신의 생명을 구하지 아니하면 내일에는 죽임을 당하리라 하고. _삼상 19:6-11

10

감정적인 사울

흔히 '양극성 장애'라고 불리는 조울증은 기분이 들뜨고 신나는 상태인 '조증'과 기분이 가라앉는 상태인 '우울증'이 교대로 나타나는 증상을 말한다. 인구 100명당 3-5명에 이를 정도로 높은 유병률을 보이고 있는 조울증은 환자 중 13%를 자살에 이르도록 만드는 매우 무서운 병으로, 사회활동을 방해함은 물론이거니와 자기 생을 포기하게까지 만드는 아주 위험한 질병이다.

분당서울대병원 하규섭 교수는 치료받지 않은 조울증은 대인관계의 어려움, 알코올이나 약물의 남용, 개인적 고통 및 가정의 붕괴, 재정적 위기, 폭력 등 많은 문제점을 동반한다고 말했다. 이처럼 조울증은 약물중독이나 폭력, 자살로 이어질 수 있기 때문에 빠른 치료가 시급하다.

성경에도 대표적 양극성 장애를 보이는 조울증 환자가 있었다. 바로 사울 왕이다. 이스라엘 북쪽 기브아에서 태어난 사울은 키가 훤칠하고 매우 잘생긴 인물이었다. 그래서 사람들은 그를 높이 칭송했고, 결국 그를 이스라엘의 왕으로 세워 주었다. 사울 왕은 많은 이들이 자신을 사랑하는 것이 무척이나 기뻤다. 문제는 그 기쁨에 너무 많이 심취했다는 것이다. 언젠가부터 사울 왕은 하나님께 인정받기보다 사람들의 칭찬에 더 연연하기 시작했다. 그것은 곧 그의 내면을 매우 불안정하게 만들어 버렸다. 다른 사람들이 칭찬해 주면 천국에 간 것처럼 큰 기쁨을 느꼈지만, 조금이라도 흠이 잡히거나 관심으로부터 멀어지면 지옥에 떨어진 것만 같은 슬픔을 느꼈다.

사울이 당시 전쟁에서 승승장구하던 다윗을 죽여야겠다고 결심한 이유도 바로 그 때문이었다. 다윗이 승리만 거듭하여 자신보다 인기와 명성이 더 드높아지자, 사울은 순식간에 마음이 요동쳤다. 불안감이 걷잡을 수 없이 커졌고, 자기 밑에 있는 신하들을 의심하는 일이 잦아졌으며, 갑자기 겁에 질린 눈으로 주변을 살피기도 하고, 때로는 억제할 수 없는 분노로 고래고래 소리를 지르며 시종을 향해 창을 던지기도 했다.

결국 블레셋과의 전투에서 세 아들과 함께 전사한 사울은 그들에 의해 머리가 베어져 벧산 성벽에 못 박힌다. 이스라엘을 무려 40년 동안 통치했던 왕의 최후 치고는 너무나 비참한 결말이었다.

이처럼 사울은 다른 이의 평판에만 신경 쓰느라 조울증에 걸려 버린 불운한 왕이었다. 어느 날에는 기분이 지나치게 좋았다가 또 어느 날에는 기분이 급격히 나빠지는, 마치 악령에 휩싸인 것처럼 구는 사울 왕 때문에 주변 사람들은 늘 두려움과 불안에 떨었다. 그로 인해 사울이 왕으로 통치하던 시절의 이스라엘은 매우 불안정하고 힘겨운 정세를 이어가야만 했다.

내가 상담하던 사람들 중에서도 사울처럼 양극성 장애(조울증)를 앓고 있던 자매가 있었다. 30대 중반인 그녀는 심한 조울증 환자였다. 결혼 전에 그 자매는 매우 차분하고 얌전하며 안정적인 성격으로 많은 남자에게 호감을 샀지만, 결혼 후에는 급격히 달라졌다. 남편에게 여성 편력이 있었기 때문이다.

처음에 남편은 아내 몰래 바람을 피웠으나, 아내에게 들킨 후부터는 아예 대놓고 바람을 피우며 집에 들어오지 않았다. 그러는 사이 자매의 우울증은 점점 더 심해져만 갔고, 기분이 들쭉날쭉해졌다. 기분이 우울해지면 손 하나 꼼짝하기 싫은 기분이 되어 집안일에서 모두 손을 놓고 아이에게도 짜증과 신경질을 냈다. 그러다가도 또 어떤 날에는 힘이 치솟아 피곤함도 못 느낀 채 어떤 일을 의욕적으로 과하게 수행하기도 했다.

   자매는 교회 집사님들에게 밤늦게나 새벽에 전화를 걸어 자신이 은혜받은 것에 감사를 표하기도 하고, 다른 사람의 의사와는 상관없이 일방적인 감정을 쏟아 부었다. 그런 그녀가 부담스러워 사람들은 그녀를 조금씩 피하기 시작했다. 뒤늦게 사태의 심각성을 느낀 친정어머니가 그녀를 독려해 정신과 병원에 가도록 했고, 그곳에서 그녀는 조울증이라는 진단을 받았다.

   조울증은 그 감정을 파악하거나 제어하기가 무척 어려워 치료하는 데에도 상당히 힘이 드는 정신과 질병 중 하나다. 조울증이 찾아오는 이유는 우리 마음속에 억제되어 있는 분노나 슬픔 때문이다. 그리고 보통 그 분노와 슬픔을 자아내는 것은 세상에 있는 사람과 물질들인 경우가 대부분이다. 사실 정확한 진단을 받지 않더라도 우리 안에는 모두 조금씩 양극성 장애가 있다. 평범한 사람도 어떤 사건에 닥치면 하루에도 열두 번씩 마음이 왔다 갔다 변화하는 것이 바로 그 때문이다. 그래서 어떤 때는 선을 행하던 사람이 갑자기 돌변해 악행을 저지르기도 하고, 진짜 내가 누구인지 몰라 혼란스러움을 겪기도 한다.

   실질적으로 조울증을 치료하기 위해서는 약물이나 정신과 치료, 혹은 상담치료가 필요하지만 그보다 먼저 선행되어야 할 것은 스스로 실천해야 하는 노력이다. 우리가 조울증에 걸리는 가장 큰 원인 중 하나는 하나님이 아닌 이 땅에 소망을 두기 때문이다. 우리는 모두 세상에 있는 사람과 물질과 쾌락을 원한다. 하지만 그것들은 늘 변화하는 것이기 때문에 우리에게 완벽한 안정을 줄 수 없다. 그런데도 그것에 맞춰서 스스로의 삶을 지탱하려다 보니 우리의 감정과 마음도 함께 요동을 쳐 조울증이 찾아오게 되는 것이다. 그러므로 우리는 기분이 너무 좋지도, 나쁘지도 않은 일정한 감정을 유지하며 살아가야 한다. 만약에 이미 조울증을 겪고 있다면 아래와 같은 노력을 기울여 스스로 극복하도록 노력해야 한다. 조울증을 이기는 방법은 다음과 같다.

첫째, 마음을 나눌 수 있는 친구와 대화를 하는 것이다. 힘들고 어려울 때 가장 필요한 것은 바로 친구다. 물론 우리 주변에는 사람들이 참 많다. 하지만 같이 어울리는 단순한 친구가 아니라, 마음의 문을 열고 깊은 고민을 털어놓을 수 있는 친구는 생각보다 그렇게 많지 않을 것이다. 힘들고 어려울 때 단 한 사람이라도 마음을 나눌 수 있는 친구가 있다면 조울증이 찾아오더라도 견뎌내기 쉽지만, 그런 사람을 찾기는 매우 어려운 일이기 때문에 더 큰 조울증에 빠지기도 한다.

사울 왕도 그랬다. 주위에 많은 사람이 있었지만, 진정으로 마음을 정직하게 나눌 수 있는 사람은 없었기 때문에 조울증이 더욱 극심해졌다. 반면 다윗은 요나단이라는 진정한 친구가 있었기 때문에 그 친구를 통해 큰 은혜를 받고 위기를 헤쳐나갈 수 있었다.

우리는 세상이 말하는 가치, 이를 테면 돈이나 명예나 인기와 같은 허울이 아니라 진정으로 나를 이해해 주고, 보듬어 주고, 감싸 줄 수 있는 친구를 찾아야 한다. 극도로 예민하고 요동치는 내 감정을 위로해 줄 수 있는 친구가 있다면, 내 마음속의 파도 또한 조금은 수그러질 수 있기 때문이다.

그런데 문제는 내 마음을 위로해 줄 친구를 어떻게 찾느냐 하는 것이다. 그 방법은 단순하다. 바로 내가 다른 사람에게 그런 친구가 되어 주는 것이다. 지금 곁에 있는 사람의 마음을 헤아려 주고 위로해 준다면 다른 이들 또한 나에게 그런 친구가 되어 줄 것이다. 만약 아무리 찾아봐도 마음을 나눌 친구가 없다면 작은 손거울로 자신의 얼굴을 비추고 말을 걸어 보는 것도 좋다. 때로는 나 자신이 나의 가장 좋은 친구가 될 수 있다.

둘째, 조울증을 이기려면 규칙적인 생활 습관을 가져야 한다. 때때로 조울증은 신경전달물질과 호르몬이 제 기능을 다 하지 못할 때 일어나기도 한다. 신경과 호르몬이 제 역할을 하지 못하게 되면, 우리의 움직임은 더디게 되고, 귀찮고

피곤하여 불규칙적인 생활을 하게 된다. 그러므로 불규칙한 생활을 버리고 충분한 수면을 취하며 적당한 운동을 하는 것이 매우 중요하다. 체질에 맞는 음식을 골고루 섭취해야 하며 피곤할 때는 휴식을 취해야 한다. 특히 우울증의 원인 중 하나가 비타민 D의 부족이라 알려져 있기 때문에, 최소한 하루에 30분씩은 야외 활동을 하며 햇빛을 쬐어야만 이 병을 극복할 수 있다. 규칙적인 생활을 위해 하루 일과표를 만들어 그대로 수행한다면 분명 몸과 마음, 영혼의 건강을 되찾을 수 있을 것이다.

마지막으로 해야 할 것은 내 안의 평안을 찾을 수 있는 아지트를 만드는 것이다. 존경받는 수필가인 이양하 선생의 글 중에 「신록예찬」이라는 명문이 있다. 그 글에는 이런 대목이 나온다.

> 오늘도 하늘은 더할 나위 없이 맑고, 우리 연전(延專) 일대를 덮은 신록은 어제보다도 한층 더 깨끗하고 신선하고 생기 있는 듯하다. 나는 오늘도 나의 문법 시간이 끝나자, 큰 무거운 짐이나 벗어 놓은 듯이 옷을 훨훨 떨며, 본관 서쪽 숲 사이에 있는 나의 자리를 찾아 올라간다. 나의 자리래야 솔밭 사이에 있는, 겨우 걸터앉을 만한 조그마한 소나무 그루터기에 지나지 못하지마는, 오고 가는 여러 동료가 나의 자리라고 명명(命名)하여 주고, 또 나 자신도 하루 동안에 가장 기

쁜 시간을 이 자리에서 가질 수 있으므로, 시간의 여유가 있을 때마다 나는 한 특권이나 차지하는 듯이, 이 자리를 찾아 올라와 앉아 있기를 좋아한다.

시력 때문에 병원에 보름 동안 입원해 있는 동안, 나는 상당히 무료하고 따분한 기분 탓에 마음이 더 우울해졌다. 그러다 이 수필집을 읽고 나도 나만의 아지트를 만들고 싶어 병원 구석구석을 살펴보았다. 발품을 판 덕분에 다행히 좋은 장소를 찾을 수 있었고, 콜럼버스가 신대륙을 발견했을 때처럼 너무나 기쁘고 행복한 기분을 만끽할 수 있었다. 그곳에서 나는 새벽과 오후 시간에 기도를 올리거나 일기를 쓰곤 했다. 그랬더니 신기하게도 불안했던 마음이 진정되기 시작했다. 그곳으로 발걸음을 옮기기만 해도 너무 크게 설레었기 때문에 오히려 퇴원을 해야 했을 때 아쉬운 마음이 들기까지 했다.

그 후로 나는 한 곳에서 3일 이상 머물러야 할 때가 있으면 곧장 아지트부터 만드는 버릇이 생겼다. '러브 소나타' 행사 때문에 동경에 가야 했을 때는, 출장이 끝나자마자 근처의 공원을 한 바퀴 돌면서 나만의 한적한 아지트를 만들기도 했다.

보통 아지트는 자연 속에 있으면 더욱 좋다. 산림에는 피

톤치드가 있어 면역력을 강화시켜 주고 우리의 원기를 회복시켜 주기 때문이다. 인간은 본디 흙으로 지음을 받은 존재이기 때문에 자연 속에서 살아나고 회복된다. 요동치는 우리의 감정과 마음은 고요하고 장엄한 숲속에 머물러서야 비로소 안정을 되찾게 되는 것이다. 그렇다면 이제 산속에 있는 기도원이나, 자연친화적인 곳에 나의 아지트를 만들어 보는 것은 어떨까? 하나님을 만나고 나를 돌아볼 수 있는 나만의 아지트에서 조용히 묵상하고 기도를 드리다 보면 놀라울 정도로 크나큰 평안이 찾아올 것이다.

양은냄비는 열전도율이 높기 때문에 금방 뜨거워지고 금방 식는다. 반면 뚝배기는 끓는 데 시간이 오래 걸리지만, 그만큼 더 오랫동안 따뜻한 온기를 유지한다. 우리도 그렇다. 양은냄비처럼 쉽게 뜨거워지고 차가워지며 감정이 오르락내리락하는 사람이 있는가 하면, 뚝배기처럼 감정의 기본이 그리 크지 않고 계속 따뜻함을 유지하는 사람이 있다. 감정의 기복이 크면 내면이 불안정하게 되어 정상적인 사회생활이 어렵고, 심하면 자살에 이르기도 한다. 그러므로 가장 먼저 해야 할 것은 내 안의 감정을 평안하게 만들고 내면을 건강하게 유지하는 것이다.

사울은 감정의 기복이 널뛰듯 오르락내리락해서 결국 왕좌에서 내려와 비참한 최후를 맞이해야만 했다. '감정'이라는 연약함에 휩싸인 탓에 하나님께 받은 가장 큰 축복을 스스로 걷어차 버리는 어리석음을 범하고야 만 것이다. 사울처럼 '감정'에 치우치는 스스로의 연약함을 극복하지 못한다면, 하나님께 애써 받은 축복도 단번에 잃어버릴 수 있다. 이 땅에 소망을 두는 것 대신 예수 그리스도께 소망을 두며 살아가야만 우리의 감정과 마음이 고요한 파도처럼 잠잠해질 수 있을 것이다.

위로를 구하는 기도

주님, 저의 감정을 제가 주체할 수 없음을 고백합니다.
어떤 날은 지하 100층까지 내려가는
우울함과 무기력을 경험합니다.
그런 날에 저는 손가락 하나 움직이는 것조차도
버거움을 느낍니다.
죽음의 그림자가 저를 덮는 것과 같은
두려움 가운데 사로잡힙니다.
또 어떤 날은 기분이 좋아 하늘 위로 올라가는
설렘과 황홀함을 경험합니다.
그런 날에 저는 제 기분을 주체할 수 없어
과격한 행동과 정신적인 환청 가운데 사로잡힙니다.
오! 주님, 저의 감정을 불쌍히 여겨 주옵소서.
저의 감정이 우울하여 깊은 수렁에 빠져있을 때
주님의 손으로 저를 사망의 깊은 골짜기에서 건져 주시고,
저의 감정이 황홀하여 하늘 높이 올라갈 때
피 묻은 주님의 손으로 우리를 안수하사
잠잠케 하여 주옵소서.

여호와께서 자기 백성에게 힘을 주심이여 여호와께서 자기 백성에게 평강의 복을 주시리로다. _시 29:11

아담이 그의 아내 하와와 동침하매 하와가 임신하여 가인을 낳고 이르되 내가 여호와로 말미암아 득남하였다 하니라. 그가 또 가인의 아우 아벨을 낳았는데 아벨은 양 치는 자였고 가인은 농사하는 자였더라. 세월이 지난 후에 가인은 땅의 소산으로 제물을 삼아 여호와께 드렸고 아벨은 자기도 양의 첫 새끼와 그 기름으로 드렸더니 여호와께서 아벨과 그의 제물은 받으셨으나 가인과 그의 제물은 받지 아니하신지라. 가인이 몹시 분하여 안색이 변하니 여호와께서 가인에게 이르시되 네가 분하여 함은 어찌 됨이며 안색이 변함은 어찌 됨이냐. 네가 선을 행하면 어찌 낯을 들지 못하겠느냐. 선을 행하지 아니하면 죄가 문에 엎드려 있느니라. 죄가 너를 원하나 너는 죄를 다스릴지니라. 가인이 그의 아우 아벨에게 말하고 그들이 들에 있을 때에 가인이 그의 아우 아벨을 쳐죽이니라. _ 창 4:1-8

11

분노를 참지 못한 가인

　아주 오래 전 아담과 하와는 가인과 아벨을 낳았다. 아벨은 양을 치는 사람이 되었고, 가인은 농사를 짓는 사람이 되었다. 그런데 어느 날, 어찌된 일인지 하나님은 아벨의 제물과 제사는 받으셨으나 가인의 제물과 제사는 받지 않으셨다. 자신의 사랑이 거부당한 것처럼 느껴진 가인은 몹시 화가 났다. 동생 아벨과 비교당하고 인정받지 못했다는 생각이 들었다. 크게 낙심하고 실망한 가인은 분노가 치밀어 올랐다. 결국 그는 그 분노를 참지 못하고 동생 아벨을 돌로 쳤다. 도무지 수습할 수 없을 만큼 분노의 수치가 극에 달해 버려서 자신의 동생을 죽이고 만 것이다.

　얼마 전 매스컴을 통해 경악을 금치 못할 사건이 알려졌다. 경남 양산시에 살던 어느 주민이 밧줄에 매달려 벽면 보수공사를 하던 작업자에게 휴대전화 음악 소리가 시끄럽다며 항의를 하던 끝에 결국 홧김에 밧줄을 끊어 숨지도록 만든 것이다. 또 충북 충주시의 한 원룸에서는 평소 인터넷 속도가 느리고 자주 끊기는 것에 불만을 갖고 있었던 집주인이 고장수리를 나온 설치기사와 말다툼을 벌이던 끝에 흉기로 살해하는 사건이 발생하기도 했다. 사망한 피해자들은 모두 근면성실하게 살아가던 한 가정의 가장이었던 터라 안타까움이 컸던 사건이었다.

우리는 요즘 매우 성난 사회에 살고 있다. 경찰청 통계에 따르면 상해나 폭행 등 폭력범죄 37만 2천 건 중 41.3%는 분노(우발적 범죄, 현실 불만)가 동기라고 한다. 그저 '화가 나서' 사람을 해친다는 얘기다. 이처럼 우리는 분노가 곧 범죄가 되는 두려운 현실을 직접 마주하며 살아가고 있다.

미국의 정신과 의사이자 심리학자인 프랭크 미너스(Frank Minirth)는 "분노는 타인으로부터 무시당하거나 자신이 무가치한 존재로 취급될 때 폭발한다"고 말했다. 앞서 보았듯이 폭력 범죄의 거의 절반에 이르는 동기는 바로 '분노'였다. 현실에 대한 불만이 만성적인 분노로 악화되고, 거듭된 좌절로 인해 순식간에 화를 참지 못하고 폭발해 버리는 것이다.

이에 대해 이동귀 연세대 심리학과 교수는 미국 예일대 심리학자들이 고안한 '좌절-공격 이론'을 들어, "목표가 거듭 좌절되고 현실의 벽에 자주 부딪치면 사람 심리가 공격적으로 변한다"고 설명했다. 말하자면 '분노'는 곧 범죄를 불러

일으키는 '시한폭탄'과도 같은 것이다. 2012년도에 발생한 분노범죄를 분석한 자료에 따르면, 재판에 넘겨진 48명의 가해자 중 상당수가 직업이 없거나, 월평균 소득이 매우 적은 업종에 종사하거나, 수입이 아예 없는 사람들이었다. 또한 유년기에 가족 불화를 겪었거나, 잦은 실패와 좌절로 인해 현실적인 분노가 매우 큰 사람들이기도 했다. 경쟁사회에서 밀린 사람들이 끓어오르는 분노를 더는 참지 못하고 폭발시켜 버린 것이다. 이는 곧 자기 자신뿐 아니라 타인에게까지 해를 끼쳐야만 멈춘다.

이처럼 모든 분노에는 원인이 있다. 자신의 욕구가 충족되지 않았을 때 오는 절망에서 분노가 시작되는 것이다. 부모로부터 사랑을 받지 못하고 자랐거나, 사회로부터 부당한 대우를 받았을 때, 혹은 믿었던 사람으로부터 배신을 당하거나 무시당했을 때 분노가 일어난다. 이 분노를 자아내는 원인은 아주 오래 전부터 층층이 쌓여 왔기 때문에 쉽게 풀기가 어렵다. 마치 화산이 바로 폭발하지 않고 깊은 땅속부터 오랫동안 용암을 부글부글 끓어안고 있다가 순식간에 들끓어 폭발하듯, 우리 안의 분노 또한 마찬가지다. 내 안에 오랫동안 꽁꽁 숨겨온 분노가 더 큰 감정을 불러일으켜 돌이킬 수 없는 일을 저지르도록 만드는 것이다.

그러므로 우리가 '분노'라는 연약함을 직면했을 때 가장 먼저 해야 할 것은 내 안에 일어난 분노의 직접적인 원인이 무엇인지를 찾는 것이다. 분노라는 것이 원래 내 안에 있는 상처와 열등감과 아픔을 표출하는 것이기 때문에, 이를 다스리려면 그 원인부터 치유해야 하는 것이다.

부끄럽지만 신혼 초에 우리 부부는 다툼이 잦았다. 큰 사건 때문에 다투는 것이 아니라 사사로운 일에서 불거진 자존심 때문에 다투는 일이 많았다. 다툼은 결국 아내를 분노하도록 만들었고, 며칠 동안이나 서로를 이해하지 못해 말조차 섞지 않은 적도 있었다. 그럴 때면 나는 늘 궁금했다. 저 사람이 저렇게 화가 난 이유는 무엇일까?

서로 어떻게 분노를 다스려야 하는지 몰라 아직 미숙했던 그때, 얼마 지나지 않아 첫 아이가 태어났다. 그날도 아주 사소한 일로 말다툼이 일어났다. 그러다 누워 있던 아이와 눈이 마주치고 나서야 이 모든 것이 다 은혜롭지 못한 일임을 깨달았다. 그리고 자세를 바꿔 아내에게 왜 분노하게 되었는지 물어보았다. 내가 조근조근 물어보자, 아내 또한 언성을 낮추고 자신이 분노하게 된 이유에 대해 차분히 대답하기 시작했다. 그 결과 우리는 상대방이 왜 분노하게 되었는지를 알게 되었고, 또한 나 자신이 왜 화가 났던 것인지도 알 수 있게 되었다. 오랜 갈등 끝에 분노의 원인을 제대로 찾을 수 있는 방법을 깨달은 것이다. 그것은 속 깊은 대화였다.

그날 이후로 우리는 서로에게 화가 났을 때 새로운 방법으로 서로의 분노를 풀어 주기 위해 노력했다. 그 방법이란, 포스트잇에 내가 분노한 이유와 사과의 편지를 써 보는 것이었다. 그러다 보면 내 마음속에 들끓고 있던 분노의 원인을 스스로 깨달을 수 있었고, 또 아내가 왜 그렇게 화가 났는지도 추측해 볼 수 있었다. 서로가 느끼는 분노의 원인이 무엇인지 정확히 알게 되자 우리는 더는 싸우지 않게 되었고, 닫혔던 마음의 빗장을 활짝 열 수 있었다. 또한 상대방에게 분노를 쏟지 않고 나를 분노하게 만든 문제에 집중하다 보니, 오히려 자신을 더 잘 이해할 수 있게 되었다.

여기서 중요한 것은 분노의 불을 끌 때 잔불이 남지 않도록 완전히 전소시켜야 한다는 것이다. 작은 불씨 때문에 거대한 숲이 다 타들어 갈 수 있는 것처럼, 우리 가슴속의 작은 감정도 작다고 지나치면 나중에 더 큰 분노로 찾아오게 된다. 가인 또한 그랬다. 순간적인 감정을 참지 못해 동생을 죽이는 패륜을 저지른 가인은 아벨을 죽이고 나서도 그 분노를 쉽게 가라앉히지 못했다. 그래서 하나님이 찾아와 "네 동생 아벨은 어디 있느냐?" 하고 물으셨을 때에도 퉁명스럽게 "모릅니다. 제가 동생을 지키는 사람입니까?"라며 불만을 터뜨렸다.

> 여호와께서 가인에게 이르시되 네 아우 아벨이 어디 있느냐. 그가 이르되 내가 알지 못하나이다. 내가 내 아우를 지키는 자니이까. _창 4:9

가인이 소중한 동생 아벨을 죽여도 쉽사리 분노를 가라앉히지 못한 것처럼, 잘못된 방식으로 분노를 표출하면 내 속의 화를 다 잠재울 수는 없다. 분노는 늘 뒤끝을 동반하기 때문에 한 번 표출했다고 해서 쉽게 사라지지 않고 꼭 작은 불씨를 하나 남기곤 한다.

그러므로 우리가 진정으로 내 안의 분노를 다스리려면 분노가 폭발한 뒤에 남는 격한 마음까지도 모두 다 쓸어 버려야 한다. 안 그러면 그 분노 뒤에 남아 있는 잔불에 다시 불이 붙어 더 큰 미움이나 원망, 적개심으로 번져 나갈 수 있기 때문이다. 이 마음은 다른 그 누구보다 자기 자신을 힘겹게 한다. 분노의 감정을 완전히 버리지 못해 가슴속에 여전히 잠들어 있는 마음은 계속해서 상대방을 저주하는 데 힘을 쏟도록 하고 스스로를 괴롭히기 때문이다. 따라서 분노는 초기에 완전히 잡아 그 마음이 전부 사라지도록 해야 한다.

미국의 3대 대통령 토머스 제퍼슨(Thomas Jefferson)은 "화가 나면 열을 세고, 많이 나면 백을 세라"고 했다. 그는 분노의 감정을 오래 가지고 있으면 있을수록 내 안에 그대로 숙성되어 더 큰 폭발을 불러일으킨다는 사실을 잘 알고 있었다. 그 분노가 다른 이들뿐만 아니라 나 자신을 해치지 않게 하기 위해서라도 우리는 자기 안에 있는 분노를 스스로 다스려야 한다.

세상을 살아가다 보면 우리 안에도 가인이 가진 것과 같은 분노가 움틀 수 있다. 그럴 때는 분노를 참기보다 차라리 건강하게 표출하는 편이 낫다. 적절한 때에, 적절한 대상에게, 적절한 목적과 방법을 가지고 분노한다면 오히려 마음이 후련해지고 내면이 건강해질 수 있다.

지금도 왕성한 활동을 하는 화산을 활화산이라고 하고, 화산 활동이 멈춘 화산을 휴화산이라고 한다. 활화산은 지금 당장의 화산 폭발은 없을지라도 늘 폭발할 수 있는 가능성을 갖고 있는 화산이다. 그 안에 용암이 들끓고 있기 때문이다. 가인은 바로 그런 활화산 같은 자였다. 그래서 동생을 시기하고 질투한 나머지 분노를 이기지 못하고 살인을 저지르고 말았다. 가인 안에 들끓고 있었던 '분노'라는 마그마가 결국 폭발하고 만 것이다.

'분노'라는 우리 안의 연약함은 때때로 우리로 하여금 돌이킬 수 없는 죄를 짓도록 부추긴다. 가인의 연약함은 그를 세상에서 가장 잔인한 사람으로 만들고 말았다. 그럼에도 하나님은 가인이 더는 죄를 지으며 살지 않도록 기회를 주셨다. 그리고 그의 내면에 있는 '분노'라는 연약함을 이길 수 있도록 하셨다. 하나님은 그런 분이다. 우리의 연약함 가운데 오셔서 그 마음을 통해 죄를 짓지 않도록 막아 주시고 우리를 늘 보호해 주신다. 늘 연약한 자의 방패가 되어 주신다. 그러므로 우리 또한 하나님을 믿고 따르며 '분노'라는 연약함에서 벗어날 수 있도록 마음속에 있는 용암을 잠재우려 노력해야 한다.

위로를 구하는 기도

주님, 분노가 솟구쳐 오릅니다.
제어할 수 없을 만큼 제가 무슨 일을 저지를까 두렵습니다.
이토록 화가 치밀 줄은 예전에는 미처 몰랐습니다.
저의 감정의 골이 이토록 깊음에 놀랍니다.
저의 온몸이 분노로 끓어 오름을 느낍니다.
땀이 흐르고, 사지가 부들거리고, 목소리가 떨립니다.
부드러운 언어 뒤로 저를 숨길 수가 없습니다.
온화한 미소를 지을 수가 없습니다.
분노를 삭힐 수 있으면 좋으련만.
몸 밖으로 드러내지 않고
마음 깊은 속에서 절규할 수 있다면!
여기 당신 앞에 제가 내놓을 수 있는 것은
분노, 타오르는 격정뿐입니다.
이 격분을 얼굴에 드러내지 않으려고 안간힘을 씁니다.
…

저를 기다려 주십시오. 제가 평온과 고요를 되찾을 때까지.
제가 머무르는 곳에서 저를 만나 주심에 감사드립니다.
저를 있는 그대로 사랑하여 주심에 감사드립니다.

_조 만나스, 분노할 때 드리는 기도

분을 내어도 죄를 짓지 말며 해가 지도록 분을 품지 말고 마귀에게 틈을 주지 말라. _엡 4:26-27

아브람의 아내 사래는 출산하지 못하였고 그에게 한 여종이 있으니 애굽 사람이요 이름은 하갈이라. 사래가 아브람에게 이르되 여호와께서 내 출산을 허락하지 아니하셨으니 원하건대 내 여종에게 들어가라. 내가 혹 그로 말미암아 자녀를 얻을까 하노라 하매 아브람이 사래의 말을 들으니라. 아브람의 아내 사래가 그 여종 애굽 사람 하갈을 데려다가 그 남편 아브람에게 첩으로 준 때는 아브람이 가나안 땅에 거주한 지 십 년 후였더라. 아브람이 하갈과 동침하였더니 하갈이 임신하매 그가 자기의 임신함을 알고 그의 여주인을 멸시한지라. 사래가 아브람에게 이르되 내가 받는 모욕은 당신이 받아야 옳도다. 내가 나의 여종을 당신의 품에 두었거늘 그가 자기의 임신함을 알고 나를 멸시하니 당신과 나 사이에 여호와께서 판단하시기를 원하노라. 아브람이 사래에게 이르되 당신의 여종은 당신의 수중에 있으니 당신의 눈에 좋을 대로 그에게 행하라 하매 사래가 하갈을 학대하였더니 하갈이 사래 앞에서 도망하였더라. _창 16:1-6

12

화병 난 캔디 여인, 사라

1970년대 후반에서 1980년대 초까지 굉장한 인기를 끌었던 만화영화가 있다. 아마 주제곡 가사를 보면 바로 알아차릴 것이다.

> 괴로워도 슬퍼도 나는 안 울어 참고 참고 또 참지 울긴 왜 울어
> 웃으면서 달려보자 푸른 들을 푸른 하늘 바라보며 노래하자
> 내 이름은 내 이름은 내 이름은 캔디
> 나 혼자 있으면 어쩐지 쓸쓸해지지만 그럴 땐 얘기를 나누자
> 거울 속의 나하고 웃어라 웃어라 웃어라 캔디야

아마 많은 사람이 기억하고 있을 "캔디"는 당시 여자아이들뿐 아니라 남자아이들 사이에서도 큰 인기를 끌었던 만화다. 이 만화영화의 배경은 20세기 초 미국 중남부 및 영국

으로, 매사에 밝고 긍정적인 고아 소녀 캔디가 주변 사람들의 편견과 고달픈 생활 속에서도 용기를 잃지 않고 성장해 가는 내용을 담고 있다.

어렸을 때는 씩씩한 캔디를 본받아 아무리 힘들고 외로워도 꾹꾹 참는 것이 미덕이라고 생각했는데, 점점 성장하면서 세상을 살다 보니 그것만이 능사는 아님을 깨닫게 된다. 사실 우리의 마음은 캔디처럼 꾹꾹 참는다고 모두 다 괜찮아지지 않는다. 실제 세상을 살아가는 우리의 내면은 훨씬 더 복잡한 메커니즘으로 되어 있기 때문이다. 하지만 참으로 안타깝게도 참는 게 미덕인 우리네 세상에서는 대부분 참는 것이 이기는 것이라고 말하곤 한다. 누군가와 싸워서 씩씩대는 친구에게 "네가 참아. 참는 자가 이긴다고 했어"라고 조언해 주기 일쑤고, 화를 내는 스스로가 못나 보여서 억지로 웃어 보이는 경우도 허다하다.

문제는 이렇게 참고 또 참다가 결국 '화병'을 얻게 된다는 데 있다. 화병을 앓는 사람에게서는 보통 정신적인 증상과 신체적 증상 모두가 나타나곤 하는데, 그들은 전신의 통증, 호흡 곤란, 우울증, 답답함, 무기력함, 의욕 상실 등 수많은 문제로 고통받는다. 실제로 최근 2, 30대 사이의 젊은 층에서도 화병이 점점 급증하고 있는 추세이며, 우리나라 인구 중 4.2%나 이 병 때문에 고통을 겪는다고 한다.

특히 중년 여성들에게 주로 나타나는 이 화병은 스트레스와 억압을 제때 해소하지 못할 때 생기는 것으로, 우리네 어머님들이 많이 앓았던 병이다. 무능력한 아버지가 농번기임에도 술과 도박만 일삼고 거기다 외도까지 하는 것을 꾹꾹 참던 어머님들은 자식을 삯바느질로 키우며 그 화를 속으로 삼키곤 했다. 나마저 손을 놓으면 우리 아이들을 거둬 먹일 사람이 없었기 때문에 분노를 눌러 담는 데에만 급급했던 것이다. 그래서 우리 어머님들은 캔디처럼 '참고, 참고, 또 참다가' 화병을 얻어 돌아가시는 경우가 많았다. 약 한 번 제대로 써 보지도 못하고 한 많은 인생을 살다가 비극적인 운명을 맞이하게 된 것이다. 이렇듯 화병은 어느 날 소리 없이 다가와 우리를 천천히 무너뜨린다.

성경 속에도 가정에서 일어난 불화로 인해 '화병'을 얻은 여인이 있었다. 그 여인의 이름은 사라로, 아브라함의 아내였던 인물이다. 사라와 아브라함은 행복한 부부였으나, 사라가 아이를 낳지 못하자 가정에 조금씩 슬픔이 생겨나기 시작했다. 남편에게는 사랑받았으나 아이를 낳지 못했던 사라의 내면에는 깊은 상처와 슬픔이 피어났다. 아이를 너무나 갖고 싶었던 사라는 결국 자신을 고통 속에 밀어 넣는 선택을 하고 만다. 아브라함의 여종인 하갈을 남편의 첩으로 들인 것이다.

사랑하는 남편을 다른 여인과 동침시켜야 한다는 것은 사라에게 너무나도 고통스러운 일이었다. 하지만 대를 이어야 했기 때문에 이 모든 상황을 꾹꾹 참기만 했다. 그렇게 세 사람의 기이한 부부생활이 10년째 이어지던 해, 아브라함과 하갈 사이에서 이스마엘이라는 아들이 태어났다. 아들을 낳은 하갈은 순식간에 돌변했다. 사라를 업신여기며 몸종처럼 부리기 시작했다. 굴러온 돌이 박힌 돌을 뺀 격이 된 것이다. 그로 인해 사라의 마음속에는 조금씩 분노가 차올랐으나, 아이를 낳지 못했다는 죄책감 때문에 그 화를 꾹꾹 참기에만 급급했다. 하지만 개구리도 밟으면 꿈틀거리듯, 매번 당하고만 있던 사라도 더는 그 분노를 참지 못하고 결국 폭발하고 만다.

처음에 그녀는 하나님을 원망했다. 자신이 아이를 낳지 못한 원인이 하나님께서 아이를 주지 않으셨기 때문이라고 생각했기 때문이다. 그다음으로 사라는 남편 아브라함을 원망했다. 사라에게 실질적인 상처를 준 대상은 하갈이었으나, 사라는 자신의 고통의 책임을 남편에게 돌렸다. 하갈을 받아들이라고 청한 자신에게 스스로 화를 낼 수 없으니 그 모든 화살이 남편에게 돌아간 것이다. 지금까지 참고만 살던 사라가 이제는 역공을 펼쳐 아브라함과 하갈을 공격하기 시작하였고, 결국 부부 사이에도 금이 가게 되었다.

이처럼 감추고 억누른 상처와 슬픔은 결국 공격적인 패턴으로 나타나게 된다. 개구리도 밟으면 꿈틀거리듯, 우리 내면에 있는 분노 또한 참을 수 있는 한계가 분명 있는 것이다. 사라와 아브라함처럼 부부 사이에 갈등을 겪고 있는 경우를 살펴보면, 둘 중 한쪽이, 혹은 두 사람 모두가 서로를 향한 분노를 속에 꾹꾹 눌러 담고 있다가 한꺼번에 터뜨리는 경우가 종종 있다. 몇십 년 전 얘기까지 모두 들춰내며 화를 내는 상대방의 말이 또다시 싸움의 원인이 되고, 그런 것까지 다 기억하고 있었느냐며 쪼잔한 사람이라 몰아붙이다가 결국 더 큰 싸움으로 번져 버리는 것이다. 하지만 상처와 슬픔을 간직하고 있는 화병 난 사람들은 대부분 십 년 전의 일을 마치 어제 있었던 일인 것처럼 생생하게 기억한다. 계속 그것을 마음속에 품고 있다 보니, 그때 받았던 상처와 슬픔이 고스란히 내 마음 한편에 머물러 있는 것이다.

사라는 이 모든 불행의 책임을 하나님에게 돌렸으나, 사실 가정의 불화는 하나님이 아니라 사라와 아브라함 부부의 책임이다. 애초에 하나님이 남녀가 부부의 연을 맺어 한몸이 되게 되신 것은, 기쁠 때나 슬플 때나 언제나 함께하라는 의미였다. 기쁠 때는 함께 나누어 그 기쁨을 배가시키고, 슬플 때는 함께 나누어서 그 슬픔을 반감시키라는 뜻이었던 것이다. 두 사람이 행복하게 살기 위해서는 서로 공감하고 교감하며 기쁨과 슬픔을 함께 나누어야 했는데, 사라는 자신의 화를 억누르는 데 급급해 아브라함에게 자신의 감정을 쏟아내지 못했고, 아브라함 또한 그런 사라의 속마음을 헤아려 주지 못한 채 무책임하게 방관만 했다. 아브라함과 사라는 함께 있었는지는 몰라도, 서로의 감정을 솔직하게 나누지는 못했기에 불화가 발생했던 것이다. 사라가 만약 자신이 가지고 있던 상처와 슬픔을 아브라함에게 솔직히 털어놓고 고통을 해소했다면 상황은 분명 달라졌을 것이다.

사실 결혼 생활이라는 것이 그렇다. 살다 보면 기분 좋은 일만 있는 것이 아니라 울적한 일도 많다. 어떨 때는 기쁜 일보다 울적한 일이 훨씬 더 많은 것처럼 느껴지기도 한다. 행복하기 위해 결혼했지만 서로가 서로의 마음을 몰라주고 자신의 감정에만 매몰되는 순간, 둘은 함께 불행의 길로 걸어가게 된다. 그러고 나면 마음의 상처로 인한 우울증이 심해지고 되고, 결국 감정이 폭발해 갈등을 겪거나 부부싸움을 일으키는 것이다. 부부 사이의 갈등이 별거나 이혼으로까지 번져 가는 이유는 바로 이 때문이다. 가정의 평화를 위해서, 아이들을 위해서 희생한다는 생각에 내 감정과 상처를 억누르고만 있다가 결국에는 그 감정이 폭발하면서 걷잡을 수 없는 싸움으로 커지는 것이다.

어째서 사라와 아브라함은 서로의 감정을 나누지 못했

을까? 그 이유는 감정을 숨겨 왔기 때문이다. 애초에 상대방을 신뢰하지 않았기 때문에 자신의 감정을 드러내는 것을 멈춰 버린 것이다. 나 혼자 삭이는 게 훨씬 낫다고 생각하며 참았지만, 사실 돌아오는 것은 상처 난 감정이 부패하며 피어오르는 악취뿐이다. 그래서 상처를 꾹꾹 부르며 살았던 사람이 화가 나서 상대방을 몰아붙일 때 더 격한 말을 던지게 되는 것이다. 그렇다면 감정을 건강하게 드러내기 위해서는 어떻게 해야 할까? 그 해답 또한 성경에 등장하는 여인을 통해 얻을 수 있다.

> 여호와께서 그에게 임신하지 못하게 하시므로 그의 적수인 브닌나가 그를 심히 격분하게 하여 괴롭게 하더라. 매년 한나가 여호와의 집에 올라갈 때마다 남편이 그같이 하매 브닌나가 그를 격분시키므로 그가 울고 먹지 아니하니 그의 남편 엘가나가 그에게 이르되 한나여 어찌하여 울며 어찌하여 먹지 아니하며 어찌하여 그대의 마음이 슬프냐. 내가 그대에게 열 아들보다 낫지 아니하냐 하니라. 그들이 실로에서 먹고 마신 후에 한나가 일어나니 그때에 제사장 엘리는 여호와의 전 문설주 곁 의자에 앉아 있었더라. 한나가 마음이 괴로워서 여호와께 기도하고 통곡하며 서원하여 이르되 만군의 여호와여 만일 주의 여종의 고통을 돌보시고 나를 기억하사 주의 여종을 잊

지 아니하시고 주의 여종에게 아들을 주시면 내가 그의 평생에 그를 여호와께 드리고 삭도를 그의 머리에 대지 아니하겠나이다. _삼상 1:6-11

사무엘상에 나오는 한나 또한 사라와 마찬가지로 아이를 낳지 못하는 상처와 슬픔을 가진 여인이었다. 또한 사라가 아이를 낳지 못한다는 이유로 하갈에게 업신여김을 받았던 것처럼, 한나도 브닌나라는 여인에게 업신여김을 받았다. 그러나 한나는 사라와 달리 화가 나고 상처받은 마음을 억누르지 않았다. 이를 감추려고 하지도 않았다. 오히려 그 감정을 하나님 앞에서 모두 쏟아 내는 것을 택했다. 덕분에 한나는 사라와 달리 화병을 얻지도, 가정에서 불화를 겪지도 않았다. 상처를 그대로 인정함으로써 상처를 극복할 수 있었던 것이다.

우리도 한나처럼 다른 사람에게서 받은 상처와 슬픔을 억지로 숨기려 하지 말고, 하나님 앞에 솔직하게 드러내야 한다. 그리고 하나님께 그 아픈 마음을 다 쏟아 내야 한다. 피로를 그때그때 풀지 않으면 결국 병이 되듯, 우리의 마음도 그때그때 풀어야 화병에 걸리지 않을 수 있다. 설거지와 청소를 미루면 미룰수록 그 양이 많아져 나중에는 감당하기 벅찬 지경에 놓이는 것처럼, 우리 마음도 자주 깨끗하게 정돈해 주어야 한나처럼 편해질 수 있는 것이다.

물론 말로 자신의 감정을 솔직히 표현하는 것이 그리 쉬운 일은 아니다. 자신의 마음을 다른 사람에게 설명하는 데는 생각보다 상당히 많은 용기가 필요하다. 또한 화가 머리 끝까지 나 있는 상황에서 상대방과 이성적으로 대화를 나누기란 쉬운 일이 아니다. 그럴 때는 대화를 피하기보다 내가 화가 났음을 인정한 상태에서 최대한 그 마음을 표현하는 것이 좋다.

"나 지금 화가 나려고 해"라든지 "당신의 행동 때문에 난 화가 나!"라고 표현하는 것만으로도 마음은 훨씬 편해질 수 있다. 부정적인 감정은 나눌 때 반감되는 원리가 있기 때문이다. 우리의 감정은 풍선처럼 한쪽을 누르면 다른 한쪽이 볼록하게 튀어나오게 되어 있기 때문에, 한쪽 감정을 억누르거나 숨기면 다른 쪽 감정이 폭발하게 된다. 그러니 두려워하지 말고 상대방에게 서운한 감정을 솔직하게 표현해 보자. 그리고 상대방이 받아 줄 대상이 아니라면, 그것을 받아 줄 상담자에게 자신의 감정을 여과 없이 쏟아 내 보자. 그렇게 해야 우리의 감정이 깨끗하고 맑게 정화될 수 있을 것이다.

하나님은 우리가 이 땅에서 작은 천국을 경험하게 하기 위해 가정을 허락하셨다. 그리고 지상에서의 천국 백성이 되라는 뜻에서 아내와 남편을 보내 주셨다. 따라서 아내와 남편은 하나님의 뜻을 받들어 두 사람의 관계를 통해 행복을 경험하고 세상 속에 작은 천국을 만들어 내야 한다. 서로에게 둘도 없는 연인으로, 함께 인생길을 걸어가는 동반자이자 친구로, 서로의 감정을 나누고 공감해 주는 상담가로, 멘토로 있어 주어야만 진정한 가정을 꾸릴 수 있다.

그러기 위해서는 먼저 둘 사이의 관계가 회복되어야 한다. 관계를 회복시키려면 첫째, 서로에 대한 감정을 솔직하게 인정하고 표현해야 한다. 감추거나 억눌러서는 안 된다. 둘째, 상대방의 표현과 말에 긍정적인 반응과 대응을 해야 한다. 셋째, 속상한 마음과 슬픔을 가슴속에 묻어 두지 말고 하나님께 가지고 나와 다 쏟아 내야 한다. 그렇게 해야만 화병이 줄어들고 진짜 행복이 찾아올 수 있다.

사라는 아이를 낳지 못한다는 결핍 때문에 생긴 여러 가지 부정적인 감정들을 속으로만 쌓아 놓음으로 결국 화병을 얻고 말았다. 자신의 감정을 속으로만 쌓아 놓는 '연약함'이 있었기에 마음이 불쌍한 자가 되었던 것이다. 하지만 하나님은 그녀의 속마음에 있는 소리에 응답해 주심으로 그녀를 현숙하고 따뜻한 여성이 될 수 있도록 도와주셨다. 사라처럼, 그리고 한나처럼, 마음에 병이 생겼을 때는 즉시 하나님을 찾자. 그분께 모든 감정을 토해내자. 그러면 우리 안에 있는 화병이 사그라들 수 있을 것이다.

위로를 구하는 기도

주님, 화병에 걸린 사라가 제 안에 있습니다.
제 힘으로 모든 것을 참고 인내하다가
마음의 병이 찾아왔습니다.
제가 참고 견디면 모든 것이 다 평안하다고 생각했습니다.
그래서 저는 가장 간편하면서도 깔끔한
이 방법을 선택했습니다.
그것은 참고 견디는 것입니다.
그런데, 시간이 지날수록 상황은 정리되었지만,
제 마음은 메말라 갔습니다.
아니, 나의 마음은 쩍쩍 갈라져 만신창이가 되었습니다.
주님, 제 마음을 불쌍히 여겨 주옵소서
사랑의 단비를 부어 주셔서 메마르고 갈라진
저의 마음을 적셔 주옵소서.
이제부터는 불의하고 억울한 일을 만날 때
무조건 참고 인내하지 않겠습니다.
솔직하게 저의 감정을 표현하는 용기를 내겠습니다.
속상한 마음과 감정을 제 속에 담아 두지 않고
주님께 가지고 나아가겠습니다.
주님, 속상한 저의 마음을 만져 주시고
제 안에 있는 상한 심령을 회복시켜 주소서.

백성들아 시시로 그를 의지하고 그의 앞에 마음을 토하라 하나님은 우리의 피난처시로다. _시 62:8

엘리의 아들들은 행실이 나빠 여호와를 알지 못하더라. 그 제사장들이 백성에게 행하는 관습은 이러하니 곧 어떤 사람이 제사를 드리고 그 고기를 삶을 때에 제사장의 사환이 손에 세 살 갈고리를 가지고 와서 그것으로 냄비에나 솥에나 큰 솥에나 가마에 찔러 넣어 갈고리에 걸려 나오는 것은 제사장이 자기 것으로 가지되 실로에서 그 곳에 온 모든 이스라엘 사람에게 이같이 할 뿐 아니라. 기름을 태우기 전에도 제사장의 사환이 와서 제사 드리는 사람에게 이르기를 제사장에게 구워 드릴 고기를 내라. 그가 네게 삶은 고기를 원하지 아니하고 날 것을 원하신다 하다가. _삼상 2:12-15

13

양심이 굳은
홉니와 비느하스

    2008년 2월에 개봉한 영화 중 "추격자"라는 스릴러 영화가 있다. 이 영화는 2004년 7월 18일에 체포되었던 유영철과 그가 저지른 살인, 그를 쫓는 사람에 대한 이야기다.

    전직 형사 출신인 중호(김윤석)는 매춘부를 알선하는 일을 하고 있는 남자다. 그런데 최근 자신이 담당하는 여자들이 실종되는 일이 생긴다. 알아본 결과 여자들은 같은 핸드폰 번호를 쓰는 손님에게 부름을 받고 나서 실종이 되었다. 중호는 자신이 데리고 있던 여자 중 '미진'이라는 사람이 실종이 되자 그녀를 찾기 위해 고군분투한다. 한편 지영민(하정우)은 연쇄살인범으로, 성 불구자에 열등의식이 강한 사람이다. 사이코패스인 그는 매춘을 저지르는 여성들을 상대로 살인을 저질렀다. 결국 중호는 영민을 붙잡는 데 성공하지만 여자는 구하지 못한다.

언젠가부터 '사이코패스'라는 단어가 우리 사회에 등장했다. '사이코패스'란 감정을 느끼지 못하는 반사회적 인격장애를 가진 이들을 일컫는 말로, 우리 사회에서 언제나 두려움의 대상이 되는 이들을 뜻한다. 예로부터 세상은 언제나 선량한 사람과 불량한 사람이 공존하며 살아가는 공간이었다. 불량한 사람은 악을 행하고, 사람들을 괴롭히고, 편법을 써서 자신의 목적을 달성했다. 또한 그들은 다른 사람의 목숨과 생명을 귀하게 여기지 않았다.

성경 속 엘리제사장의 두 아들인 홉니와 비느하스도 불량한 이들 중 하나였다. 성경을 보면 한 사람이 사탄을 만났을 때 악인으로 발전할 가능성이 매우 큰 것을 볼 수 있다. 홉니와 비느하스 또한 땅에 있는 것에만 마음을 두는 불량한 사람들로, 하나님이 보시기에 악행만 일삼는 자들이었다.

홉니와 비느하스는 엘리 제사장의 아들들이었다. 하나님은 레위 지파를 구별하여 하나님의 일을 감당하게 하셨고, 그중에서도 아론 자손에게 제사장의 직분을 맡기셨다. 홉니와 비느하스는 제사장의 가문에서 출생하였으므로 장차 제사장의 직무를 감당해야 할 자들이었다. 그러므로 그들에게는 다른 사람들보다 더욱더 거룩하고 경건한 삶을 살아가야 할 책임과 의무가 있었다.

그러나 그들은 오히려 하나님의 법을 어기는 불량자로

살아갔다. 그들은 하나님께 드려야 할 고기를 강탈하여 불법을 저질렀다. 주님께 봉사하고 백성을 경건한 길로 인도해야 했지만, 그러한 책무는 무시한 채 자신들이 가진 지위를 이용하여 회막문에서 시중드는 여인들과 성적인 관계를 가지는 악행을 저질렀다. 하나님의 눈앞에서 가장 추악한 범죄를 스스럼없이 범할 정도로 양심이 마비된 자들이었던 것이다. 반면, 그들과 함께 성전에서 살았던 어린 사무엘은 양심을 올곧게 가지고 자라났다.

엘리의 두 아들과 어린 사무엘은 같은 성전에서 지냈는데 왜 이토록 다르게 자라났을까? 그것은 바로 홉니와 비느하스는 삶의 우선순위를 하나님이 아닌 자신에게 두었기 때문이고, 사무엘은 삶의 우선순위를 항상 하나님께 두었기 때문이다. 어째서 우리는 같은 환경에 놓여 있으면서도 누군가는 마음의 중심에 탐욕을 두고, 다른 누군가는 하나님을 두게 되는 것일까? 이는 각 사람이 가진 마음가짐이 다르기 때문이다.

믿음의 사람이 되기 위해서는 무엇을 가장 사랑해야 할지 늘 생각하며 살아야 한다. 마음속에 세상을 가장 사랑하면, 홉니와 비느하스처럼 탐욕의 사람이 된다. 그러나 마음속에 하나님을 가장 사랑하면, 사무엘처럼 믿음의 사람이 될 수 있다. 본디 인간은 내가 가장 사랑하고 소중히 여기는 것을 위해 살아가게 되어 있다. 돈을 가장 사랑하는 자는 돈을 위해 살고, 명예와 권력을 가장 사랑하는 자는 그것을 위해 살아가며, 쾌락을 사랑하는 자는 쾌락을 위해 살아간다. 그러나 우리가 하나님을 가장 사랑하는 순간, 우리는 하나님을 위한 아름다운 인생을 살아가게 된다. 그러므로 마음 밭의 중심에 무엇을 두느냐에 따라 우리의 생각과 행동, 삶 전부가 달라지게 되는 것이다. 불량한 부모 밑에서 태어난 사람이 불량하게 살고 선량한 부모 밑에서 자란 사람이 마냥 선량하게 사는 것이 아니듯, 우리의 삶은 환경이나 배경에 따라서가 아니라 자신의 마음 밭을 어떻게 가꿔 가느냐에 따라서 달라지는 것이다.

안타깝게도 홉니와 비느하스는 굳어 버린 양심이라는 연약함이 있었고, 그로 인해 양심이 작동하지 않아 불량한 사람이 되어 악을 행하게 되었다. 반대로 사무엘은 그 마음 밭이 부드러워서 양심을 따라 선량한 사람이 되어 선을 행하며 살아갔다. 마음 밭의 중심에 무엇을 두느냐에 따라 우리의 생각과 행동이 바뀌게 되고, 더 나아가 우리의 삶까지도 바뀔 수 있는 것이다. 그러므로 우리는 땅에 있는 것에 마음의 중심을 두지 말고 하늘에 있는 것에 마음의 중심을 두도록 꾸준히 노력을 기울여야 한다. 복음주의 신학자인 제임스 패커(James Packer)는 「거룩의 재발견」(토기장이)에서 이렇게 말했다.

> 교육받은 민감한 양심은 하나님께서 보내신 모니터입니다. 양심은 우리로 하여금 두려움과 함께 죄책감과 부끄러움을 느끼게 합니다. 사탄의 전략은 우리의 양심을 타락시키고 둔감하게 하는 것으로, 할 수만 있다면 우리의 양심을 죽이려고 합니다. 양심에 화인 맞은 사람이 되어 죄를 지어도 회개하지 못하게 합니다. 악을 저지르고도 뉘우치지 못하게 합니다.

반사회성 인격 장애로 분류되는 사이코패스와 소시오패스는 둘 다 땅에 있는 것에 마음의 중심을 두는 양심이 불량한 자들이다. 먼저 사이코패스(Psychopath)란 생활 전반에 걸쳐 다른 사람의 권리를 무시하거나 침해하는 성격적 장애를 일컫는데, 자기감정에 미숙하고 감정을 억제하지 못하기 때문에 자신의 감정과 고통에는 매우 예민하지만 다른 사람의 감정에는 매우 미숙한 반응을 보인다. 이는 감정을 관여하는 전두엽이 일반인들처럼 활성화되지 않았기 때문이다(일반인의 약 15%).

타인에 대한 공감을 할 수 없는 사이코패스는 누구와도 정서적 유대감을 맺지 못하는 것이 특징이다. 상대방의 입장을 헤아리지 못해 매우 이기적이며 충동적이고 즉흥적인 행동을 일삼는다. 또한 죄를 짓고도 자신의 잘못을 전혀 느끼지 못하고 거짓말과 속임수에도 능해 다른 사람들에게 피해를 입히기도 한다. 이들은 전체 범죄자의 15-20%를, 중범죄자의 50% 이상을, 연쇄살인범의 90%를 차지하며, 재범률은 다른 범죄자의 2배, 폭력 관련 재범률은 다른 범죄자의 3배에 이른다고 알려져 있다(Hare, 1993). 그러나 전체 사이코패스 중 어느 정도가 범죄자가 되는지는 그다지 알려져 있지 않기 때문에 주의할 필요가 있다.

다음으로 소시오패스(Sociopath)란, 자신의 성공을 위해서는 수단과 방법을 가리지 않고 나쁜 짓을 저지르며 이에 대해 전혀 양심의 가책을 느끼지 않는 사람을 뜻한다. 소시오패스는 사이코패스와는 다르게 냉혈한이기는 해도 사람을 죽이는 데에서 쾌락을 얻는 것이 아니라 사회적인 성공을 이루는 데에서 쾌락을 얻는다고 한다. 소시오패스라는 말은 사회를 뜻하는 '소시오'(socio)와 병의 상태를 의미하는 '패시'(pathy)의 합성어로, 타인에 대한 동정심이 없다는 점에서는 사이코패스와 매우 흡사하지만, 잘못된 행동이라는 것을 알면서도 반사회적인 행위를 한다는 점에서 사이코패스와 구분된다.

이처럼 사이코패스와 소시오패스들은 자신의 목적을 위해 어떠한 죄를 지어도 후회나 양심, 가책은 전혀 느끼지 않는다. 오직 자신의 목적을 위해 다른 사람을 희생시키는 지극히 자기중심적인 사람들이다. 그들은 죄책감과 공감능력이 부족하고 거짓말을 잘하며, 자신의 행동에 책임감을 전혀 느끼지 않는다.

홉니와 비느하스도 바로 이런 자들이었다. 그들은 자신의 죄를 인지하지 못했고, 혹은 인지하더라도 그것에 죄책감을 느끼지 못했다. 그 연약함으로 인해 하나님 앞에서 스스럼없이, 양심의 가책도 하나 없이 죄를 지었던 것이다.

> 엘리가 매우 늙었더니 그의 아들들이 온 이스라엘에게 행한 모든 일과 회막 문에서 수종 드는 여인들과 동침하였음을 듣고 그들에게 이르되 너희가 어찌하여 이런 일을 하느냐. 내가 너희의 악행을 이 모든 백성에게서 듣노라. 내 아들들아 그리하지 말라. 내게 들리는 소문이 좋지 아니하니라. 너희가 여호와의 백성으로 범죄하게 하는도다. 사람이 사람에게 범죄하면 하나님이 심판하시려니와 만일 사람이 여호와께 범죄하면 누가 그를 위하여 간구하겠느냐 하되 그들이 자기 아버지의 말을 듣지 아니하였으니 이는 여호와께서 그들을 죽이기로 뜻하셨음이더라. _삼상 2:22-25

아버지 엘리 제사장은 아들들의 죄악에 대해 책망하였지

만, 이미 양심이 굳어 버린 홉니와 비느하스는 영적인 조언을 거부하여 결국 하나님의 심판을 받게 되었다. 하나님과 교감할 수 있는 신앙의 양심이 굳어 버렸기 때문에 자기만족과 자기 유희만을 추구하며 살아갔던 그들은 '양심이 없는' 연약함을 지닌 자들이었다.

국어사전은 '양심'의 뜻을 '자기의 행위에 대하여 옳고 그름과 선과 악의 판단을 내리는 도덕적 의식'이라고 정의한다. 사실 그리스도인들이 가장 민감하고 예민하게 갖춰야만 하는 소양 또한 이 양심이다. 옳고 그름, 선과 악을 판단하는 기준을 품고 살아야만 진정한 삶을 살아갈 수 있기 때문이다. 그러므로 양심은 하나님의 모니터요, 하나님의 집이라 할 수 있다. 양심을 갖추고 살아간다면, 우리의 신앙과 믿음이 식는다 하더라도 우리는 영적으로, 또 도덕적으로 스스로를 깨우칠 수 있다. 그러나 양심이 굳어 버려 마음 밭에서 사라져 버린다면 방법이 없다.

남북한이 현재 정전 중이라고 해도 군 통신선과 핫라인을 갖춤으로써 대화와 타협을 이끌어 갈 수 있는 것처럼, 하나님과 만날 수 있는 '양심'이라는 통신선이 이어져 있어야만 우리는 하나님과 교감하고 메시지를 받을 수 있다. 하지만 양심이 마비된다면 하나님과 만날 수 있는 통신선이 완전히 끊어져 버려 상당히 위험하고도 치명적인 손상을 입게 된다. 그러므로 '양심'은 우리가 살아갈 때 가장 먼저 챙겨야 하는 귀중한 자산이다. 하나님이 주시는 메시지를 잘 받을 수 있는 영적인 레이더인 '양심'을 갖추고 있어야만 우리의 영혼과 정신과 육체에 하나님이 깃들 수 있는 것이다. 땅이 말라 있거나 죽어 있으면 식물이 죽듯이, 양심이 굳어 있으면 우리의 신앙은 자랄 수가 없다. 옥토가 되기 위해서는 마음 밭을 먼저 정돈해야 한다. 자신의 마음속에 있는 불량한 마음을 모두 선한 양심으로 바꾸어야만 우리는 마음 밭 안에 더 많은 열매를 맺을 수 있다. 건강한 육체를 위해 운동을 하듯, 선한 양심을 위해서도 꾸준히 노력을 해야 한다.

먹을거리가 풍족하고 윤택한 요즘, 각종 성인병과 암으로 고통받는 사람들이 많다. 왜 풍족한 시대에 건강이 나빠진 것일까? 건강은 세 가지에 의해서 좌우된다. 첫째는 무엇을 먹느냐, 둘째는 어떤 생활습관을 가졌느냐, 셋째는 얼마만큼 자신의 몸과 마음을 위해 노력하였느냐이다. 아무리 좋은 환경과 조건을 가졌을지라도 이 세 가지를 소홀히 하거나 무시하면 건강에 적신호가 들어온다.

홉니와 비느하스 역시 아버지 엘리 제사장의 자녀로 태어나 영적으로도 사회적으로도 경제적으로도 안정된 위치에 있었지만, 자신의 조건과 환경만을 믿고 욕심과 탐욕에 빠져 무절제한 생활습관을 보였다. 또 하나님 앞에서 자신을 가꾸는 노력을 전혀 하지 않으며 스스로의 양심을 버리기까지 했다. 그리하여 그들은 하나님의 심판을 받게 된 것이다.

그들은 자신의 마음 밭을 돌볼 수 있는 양심을 갖추지 못했다는 '연약함'을 갖고 있었다. 물질이나 권력, 인기나 탐욕과 같은 세상의 양식에만 귀 기울이며 하나님을 두려워하지 않고 살아갔기 때문에 악한 사람이 되고 말았다. 그래서 가장 초라한 모습으로 인생의 무대에서 내려와야 했다.

세상에만 심취하여 그것에만 매여 사는 '연약함'이 있는 이들은 어느새 자신의 마음 밭에 어떤 작물이 자라고 있는지를 잊어버리고 만다. 황폐해진 마음 밭에는 양심이 사라지고 비양심과 몰이해만 자라난다. 그러므로 우리는 마음속에 있는 밭을 잘 가꿔 주어야 한다. 비록 이 땅 위에서 살고 있더라도 하늘의 양식과 하늘에 소망을 두고 산다면, 연약함은 강함으로, '비양심'은 '양심'으로 새롭게 자라날 수 있을 것이다.

위로를 구하는 기도

주님, 세상에 깊이 빠져 당신께서 이 땅에 선하게 살라고
주신 저의 양심이 병들어 버렸습니다.
병든 양심으로 인해 다른 사람을 위한 배려의 마음도,
사람을 귀하게 여기는 긍휼의 마음도
사람을 소중히 여기는 존귀한 마음도 상실해 버렸습니다.
그래서 저의 만족과 유익을 위해서라면
악한 일도 서슴지 않는 양심이 굳어 버린 자가 되었습니다.
오! 주님, 멈춰 있는 저의 양심을 당신의 손으로
회복시켜 주옵소서.
오! 주님, 굳어 버린 저의 양심 밭을 당신의 손으로
기경하여 주옵소서.
그리하여 옥토와 같은 양심으로 저의 마음을
변화시켜 주옵소서.
그리하여 주님의 말씀에 민감하게 반응하게 하시고,
함께하는 사람들을 사랑하고 존귀하게 여길 수 있도록
고쳐 주옵소서.

우슬초로 나를 정결하게 하소서 내가 정하리이다. 나의 죄를 씻어 주소서. 내가 눈보다 희리이다. ⋯ 하나님이여 내 속에 정한 마음을 창조하시고 내 안에 정직한 영을 새롭게 하소서. 나를 주 앞에서 쫓아내지 마시며 주의 성령을 내게서 거두지 마소서. 주의 구원의 즐거움을 내게 회복시켜 주시고 자원하는 심령을 주사 나를 붙드소서. _시51:7, 10-12

바후림에 있는 베냐민 사람 게라의 아들 시므이가 급히 유다 사람과 함께 다윗 왕을 맞으러 내려올 때에 베냐민 사람 천 명이 그와 함께 하고 사울 집안의 종 시바도 그의 아들 열다섯과 종 스무 명과 더불어 그와 함께 하여 요단 강을 밟고 건너 왕 앞으로 나아오니라. 왕의 가족을 건너가게 하며 왕이 좋게 여기는 대로 쓰게 하려 하여 나룻배로 건너니 왕이 요단을 건너가게 할 때에 게라의 아들 시므이가 왕 앞에 엎드려 왕께 아뢰되 내 주여 원하건대 내게 죄를 돌리지 마옵소서. 내 주 왕께서 예루살렘에서 나오시던 날에 종의 패역한 일을 기억하지 마시오며 왕의 마음에 두지 마옵소서. 왕의 종 내가 범죄한 줄 아옵기에 오늘 요셉의 온 족속 중 내가 먼저 내려와서 내 주 왕을 영접하나이다 하니. _삼하 19:16-20

14

기회주의자 시므이

 바후림 사람 시므이는 다윗이 압살롬의 난을 피해서 요단강을 건너 나아갈 때에 계속 다윗을 저주하는 말을 했던 사람이다. 베냐민 지파 사람이었던 시므이는 사울과 친족으로, 어려운 시기에 놓여 있던 다윗에게 온갖 저주의 말을 퍼부었다. 압살롬에게 쫓기는 다윗의 왕권이 완전히 끝났다고 생각했기 때문이다. 그런데 그는 압살롬의 죽음 이후 다윗이 새롭게 다시 등극하자 누구보다 먼저 다윗 앞에 달려와 무릎을 꿇고 빌었다. 자신의 목숨을 부지하기 위해서 언제라도 말을 바꾸는 자, 그가 바로 시므이다. 상당히 비열하고 야비한 사람이다.

 기회주의자란, 확고한 원칙적 입장을 지니지 못하고 상황이나 세력 관계에 따라 언제든지 자신의 입장을 탈바꿈하는 이들을 뜻하는 말이다. 기회주의자들은 시므이처럼 늘 이렇게 자신에게 유리한 상황에 따라 행동을 바꾼다. 이솝 우화 속에 나오는 '박쥐'가 대표적인 기회주의자라고 할 수 있다. 박쥐는 쥐도 아니고 새도 아닌 희한한 동물로 알려져 있다. 그래서 간에도 붙었다 쓸개에도 붙었다 하는 야비한 동물의 대명사가 되었다. 대체로 "박쥐 같은 놈!"이라는 말은, '조직에 대한 충성도가 낮고 자신의 이익에 따라서 여기저기 붙기를 일삼는 기회주의적인 사람'을 뜻하는 관용어처럼 쓰이곤 한다.

우리는 살면서 기회주의자들을 많이 접한다. 학교에서도, 직장에서도, 사회에서도 자신의 이익만을 취하기 위해 다른 사람들이 어찌 생각하든 상관없이 행동하는 사람들 말이다. 잠시 생각해 보면 이런 기회주의자들 때문에 상당히 힘이 들었던 경험이 꽤 많을 것이다. 우리가 잘 나갈 때는 우리를 존중해 주다가도 힘이 없어지면 바로 무시해 버리는 시므이 같은 비열한 사람들 때문에 마음에 고통을 얻었을 때도 많을 것이다.

힘에 따라 물색없이 태도를 바꿔 버리는 기회주의자들은 힘이 있는 사람들 앞에서는 납작 엎드리고, 힘이 없는 사람들은 무시해 버리는 이중적인 태도를 보이곤 한다. 그들은 권력이 어떻게 이동하는지 귀신처럼 잘 알기 때문에 자신의 이익을 취하는 데에도 상당히 능숙하다. 따라서 그들은 사람들과의 관계는 별로 중요치 않게 생각하며 다른 사람의 이익보다, 더 나아가 국가의 이익보다도 먼저 자신의 이익을 더 중요하게 생각한다. 대표적인 예로 일본 강점기 때의 친일파들이 바로 이런 기회주의자의 대표적인 모습이라고 할 수 있다. 보통 기회주의자들은 이렇게 말한다. "과거는 과거고 지금이 중요하잖아." "예전에는 내가 그랬을지 몰라도 지금은 아니야."

입장이 난처해지면 얼굴색 하나 변하지 않고 태도를 바꾸는 사람들 때문에 피해를 본 사람들은 마음속에 울분이 차올라 결국 격분하게 된다. 성경 속 아비새도 그랬다.

> 스루야의 아들 아비새가 대답하여 이르되 시므이가 여호와의 기름 부으신 자를 저주하였으니 그로 말미암아 죽어야 마땅하지 아니하니이까 하니라. 다윗이 이르되 스루야의 아들들아 내가 너희와 무슨 상관이 있기에 너희가 오늘 나의 원수가 되느냐. 오늘 어찌하여 이스라엘 가운데에서 사람을 죽이겠느냐. 내가 오늘 이스라엘의 왕이 된 것을 내가 알지 못하리요 하고 왕이 시므이에게 이르되 네가 죽지 아니하리라 하고 그에게 맹세하니라. _삼하 19: 21-23

아비새는 다윗의 최측근이자 그를 보위했던 대장군이었다. 위기의 순간에도 언제나 다윗의 곁을 지키며 함께 싸웠던 의로운 장수였다. 그랬던 아비새의 눈에 기회주의자인 시므이가 달갑게 보일 리는 만무했다. 너무나 뻔뻔스럽게 태도를 바꾼 시므이를 보자 결국 아비새는 격분하고 말았다. 그는 "여호와의 기름부음을 받은 자를 대적하는 것은 곧 하나님을 대적하는 것으로 죽어 마땅하다"는 율법에 근거하여 시므이를 처단하자고 했다.

그런데 분노를 쏟아 내는 아비새에게 다윗이 정색하며 말했다. "너희 스루야의 아들들아, 내 일에 왜 나서서 오늘 너희가 내 대적이 되려고 하느냐?" 이 말은, 왜 내가 시키지도 않은 짓을 하려고 하며, 네가 하려고 하는 것은 사탄이 하는 짓이나 진배없다는 뜻이다. 다윗은 기회주의자를 처단하는 대신, 그를 받아들이려는 태도를 취했던 것이다. 이것은 마치 신약시대 예수님께서 십자가를 지기 위해 나아가실 때 자신의 앞을 가로막았던 베드로에게 하셨던 말씀과도 비슷하다.

때때로 우리도 아비새처럼 의로움과 정의감으로 사로잡혀 감정적이 되곤 한다. 하지만 그것은 결코 하나님이 주신 마음이 아니다. 격한 분노와 상대방에 대한 복수심은 하나님의 뜻이 아니기 때문이다. 그래서 다윗은 하나님의 말씀을 따라 이스라엘에서 누구 하나 죽임 당하는 것을 원하지 않았던 것이다. 이처럼 사탄은 우리의 감정을 부추겨서 화를 내게 하고, 상대방에게 미운 감정을 폭발하도록 만든다. 온갖 권모술수를 부리는 기회주의도 물론 나쁜 것이지만, 그에 맞서 미움으로 대응하는 것 또한 옳지 않다는 것을 다윗은 잘 알고 있었다.

한편, 다윗의 뜻에 따라 하나님의 말씀을 잘 이해하고 화해와 용서를 말했던 사람이 있다. 앞서 보았던 '기회주의자' 시므이와는 완전히 대조된 모습을 보였던 그는 사울의 손자인 므비보셋이다.

> 사울의 손자 므비보셋이 내려와 왕을 맞으니 그는 왕이 떠난 날부터 평안히 돌아오는 날까지 그의 발을 맵시 내지 아니하며 그의 수염을 깎지 아니하며 옷을 빨지 아니하였더라. 예루살렘에서 와서 왕을 맞을 때에 왕이 그에게 물어 이르되 므비보셋이여 네가 어찌하여 나와 함께 가지 아니하였더냐 하니 대답하되 내 주 왕이여 왕의 종인 나는 다리를 절므로 내 나귀에 안장을 지워 그 위에 타고 왕과 함께 가려 하였더니 내 종이 나를 속이고 종인 나를 내 주 왕께 모함하였나이다. 내 주 왕께서는 하나님의 사자와 같으시니 왕의 처분대로 하옵소서. 내 아버지의 온 집이 내 주 왕 앞에서는 다만 죽을 사람이 되지 아니하였나이까. 그러나 종을 왕의 상에서 음식 먹는 자 가운데에 두셨사오니 내게 아직 무슨 공의가 있어서 다시 왕께

부르짖을 수 있사오리이까 하니라. 왕이 그에게 이르되 네가 어찌하여 또 네 일을 말하느냐. 내가 이르노니 너는 시바와 밭을 나누라 하니 므비보셋이 왕께 아뢰되 내 주 왕께서 평안히 왕궁에 돌아오시게 되었으니 그로 그 전부를 차지하게 하옵소서 하니라. _삼하 19:24-30

위의 말씀에서 보듯이 므비보셋은 시므이와 완전히 대조되는 인물이다. 그는 다윗이 압살롬의 공격을 피해 예루살렘을 떠난 동안에도 "그의 발을 맵시 내지 아니하며 그의 수염을 깎지 아니하며 옷을 빨지 아니"하며 자신의 왕이 돌아오기를 기다렸다. 다윗이 어려운 상황에 처해 있을 때 바로 태도를 돌변했던 시므이와 달리, 므비보셋은 다윗이 궁지에 몰렸을 때에도 변함없이 다윗을 지지하며 그와 함께하는 길을 택했다.

세상에는 꼭 시므이와 같은 사람들만 있는 것은 아니다. 그러므로 시므이 같은 사람들에게 격분하며 그를 처단하는 데 힘을 기울일 필요가 없다. 시므이 같은 사람을 보면 다윗처럼 용서하고, 나를 진정으로 생각해 주는 므비보셋을 찾으면 되는 것이다.

하지만 살다 보면 이런 마음가짐을 갖는다는 게 참으로 어렵게 느껴지는 것이 사실이다. 아비새처럼 마음에 있는 솔직함을 모두 쏟아 버리며 기회주의자를 처단하고 싶은 심정이 되는 것을 이해 못하는 바도 아니다. "당신 그렇게 살지 마. 당신, 그렇게 살면 안 돼!"라고 따끔하게 말해 주는 편은 그나마 낫다. 심하면 감정을 참지 못하고 폭력 사건이 벌어지기도 하는데, 가장 안 좋은 것은 그 사람과 더 이상 상종하지 않으면서 마음속에 미움과 원망을 계속해서 쌓아 놓는 경우다.

미운 사람을 두고 계속해서 미워하고 원망하는 것은 하나님이 주신 마음이 아니다. 분노를 참지 못하고 바른 말을 하며 상대방을 처단하려 드는 것은 마음속은 후련해질지 몰라도 은혜로운 결과를 맺도록 해 주지는 않는다. 오히려 상황이 더욱 나빠져 더 큰 갈등을 겪게 될 수도 있다.

다윗처럼 선량한 지도자가 되기 위해서는 시므이와 같은 '기회주의자들' 또한 회개의 길로 들어설 수 있도록 인정과 사랑을 베풀어야 한다. 물론 우리도 감정의 존재인 인간인지라 울화가 치밀고 분노가 끓어 오르는 순간이 있을 것이다. 하지만 리더는 이럴 때일수록 자신의 감정을 잘 조절해야 한다. 기분이 나쁘다고 해서 감정을 쉽게 내비치거나 싫은 소리를 하는 순간, 공동체의 영적인 분위기는 걷잡을 수 없이 삭막해지기 때문이다.

따라서 상대방이 주님 앞에서 은혜롭지 못한 행동을 했

을 때는 리더의 권위를 가지고 대하되, 적어도 아비새처럼 분노의 감정으로만 상대에게 벌을 주려 해서는 안 된다. 오히려 싫은 말을 해야 할 때, 상대방을 꾸짖어야 할 때, 더 큰 사랑의 마음과 인정과 이해의 마음을 담아야 한다. 감정을 절제하고 화해하고 용서해야만 공동체가 하나로 화합될 수 있다.

또 만약 내가 리더를 모셔야 하는 입장이라면, 시므이처럼 권력에만 순종하는 것이 아니라 므비보셋처럼 의리와 신조를 갖고 리더를 섬겨야 한다. 므비보셋에게 그런 마음이 있었던 것은 그 전에 다윗이 그에게 인망과 덕을 베풀었기 때문이다. 본래 왕조가 바뀌거나 왕권이 바뀌면 그 전의 왕족이나 후손은 다 숙청의 대상이었다. 하지만 다윗은 므비보셋을 죽이지 않고 오히려 그의 식탁에 동석할 수 있는 권한을 주었다. 그래서 므비보셋은 죽을 때까지 다윗을 섬기고 받들었던 것이다.

세상을 살다 보면 다양한 사람을 만나게 되고, 그에 따라 우리의 모습도 바뀌게 된다. 어쩌면 시므이처럼 기회주의자의 면모를 띄게 될 수도 있고, 그런 사람을 만나 아비새처럼 분노하게 될 수도 있다. 이럴 때 우리는 어떠한 순간에도 의리를 지키며 살아갔던 므비보셋처럼, 혹은 그런 사람을 만나도 인정을 베풀었던 다윗처럼 살아가도록 노력해야 한다. 하나님은 우리가 감정을 절제하고 화해하고 용서함으로써 공동체를 하나로 화합시키기를 원하시기 때문이다. 하나님의 사랑을 소유한 사람만이 의리를 지키며 살아갈 수 있고, 또 자신을 실망시킨 사람일지라도 그를 용서하고 사랑하며 자신을 지킬 수 있는 것이다.

결과만 중요시하며 살아가는 사람은 모로 가도 서울만 가면 된다는 일념으로 살아가지만, 과정을 중요시 생각하는 사람은 자신에게 주어진 순간순간에서 보람과 의미를 찾으며 살아갈 수 있다. 실적으로만 말하는 사회, 결과로만 모든 것을 판가름하는 사회는 그 안에 부정부패가 만연해 있기 때문에 상당한 위험을 촉진시킬 수 있다. 그런 측면으로 보자면, 시므이처럼 기회만을 엿보며 살아가는 기회주의자는 결과만을 중시하는 사람이다. 그런 사람은 의리가 없고 비정한 사람이라는 평가를 받더라도 결과가 안 좋게 나오면 바로 뒤돌아서서 의리를 저버린다.

그럼에도 다윗은 시므이의 그런 부정적인 면을 '연약함'으로 받아들이며 이해하고 용서해 주었다. 그에게 은혜를 베풂으로 그의 연약함을 가려 주었다. 그런 다윗의 은덕은 곧 므비보셋처럼 의리를 지키는 자가 자신의 곁에 언제든 서 있도록 해 주었다.

우리 안에는 시므이가 있을 수도, 아비새가 있을 수도

다. 하지만 우리가 언제나 므비보셋과 다윗을 기억하며 살아간다면 내 안의 연약함을 지우고 은혜롭게 살아갈 수 있을 것이다.

위로를 구하는 기도

주님, 자신의 이익을 위해 이리 갔다 저리 갔다 하였던
시므이가 바로 제 안에도 있음을 고백합니다.
저는 사람들과의 관계 속에서도 늘 실익을 따라 움직였습니다.
심지어, 주님 앞에서조차도 저는
철저히 이기적인 사람이었음을 고백합니다.
주님의 영광을 위해 살겠노라고 결단하였지만,
저의 영광이 보장될 때 주님을 위해 열심을 내었습니다.
주님께 늘 기도하였지만, 늘 저의 바람과 이기적인 욕망을 위해
기도했기 때문입니다.
주님의 사역을 감당할 때도 제 이름이 높아지고,
사람들이 저를 인정해 주는 일에만
최선을 다하였기 때문입니다.
주님, 이기적인 저를 용서하여 주옵소서.
제가 세상의 기회만 엿보며 살아가는 자가 아닌,
주님을 바라보며 살아가게 하옵소서.
세상의 이익보다 훨씬 더 크신 주님을 바라봄으로
저의 기회주의적인 연약함이 떠나가게 하옵소서.

이러므로 우리에게 구름 같이 둘러싼 허다한 증인들이 있으니 모든 무거운 것과 얽매이기 쉬운 죄를 벗어 버리고 인내로써 우리 앞에 당한 경주를 하며 믿음의 주요 또 온전하게 하시는 이인 예수를 바라보자. 그는 그 앞에 있는 기쁨을 위하여 십자가를 참으사 부끄러움을 개의치 아니하시더니 하나님 보좌 우편에 앉으셨느니라. _히 12:1-2

총독이 대답하여 이르되 둘 중의 누구를 너희에게 놓아 주기를 원하느냐. 이르되 바라바로소이다. 빌라도가 이르되 그러면 그리스도라 하는 예수를 내가 어떻게 하랴. 그들이 다 이르되 십자가에 못 박혀야 하겠나이다. 빌라도가 이르되 어찜이냐 무슨 악한 일을 하였느냐. 그들이 더욱 소리 질러 이르되 십자가에 못 박혀야 하겠나이다 하는지라. 빌라도가 아무 성과도 없이 도리어 민란이 나려는 것을 보고 물을 가져다가 무리 앞에서 손을 씻으며 이르되 이 사람의 피에 대하여 나는 무죄하니 너희가 당하라. 백성이 다 대답하여 이르되 그 피를 우리와 우리 자손에게 돌릴지어다 하거늘 이에 바라바는 그들에게 놓아 주고 예수는 채찍질하고 십자가에 못 박히게 넘겨 주니라. _마 27:21-26

15

결정하지 못하는 빌라도

요즘 같은 현대 포스트모던 사회는 다원화와 다양성을 추구한다. 간단한 예로, 식사를 하기 위해 식당을 찾는 데에도 상당히 많은 종류가 있어 선택이 어렵다. 영화 한 편을 볼 때도 그 종류와 수가 너무도 많아 무엇을 결정해야 할지 난감하다. 심지어 교회를 선택할 때에도 말씀이나 사역, 교제나 양육 등 영적인 콘텐츠의 종류가 너무 다양해 고민하기도 한다.

그런데 이 선택의 기로에서 언제나 결정을 하지 못해 난처해하는 사람들이 종종 있다. 이렇게 우유부단함의 정도가 너무 지나친 것을 두고 결정 장애, 혹은 '햄릿 증후군'이라고 부른다.

햄릿 증후군이란 선택의 갈림길에서 쉽게 결정을 못 내리고 뒤로 미루거나 타인에게 결정을 맡겨 버리는 선택 장애를 뜻하는 말이다. 선택 장애 또는 결정 장애와 유사한 말로, 셰익스피어의 작품 "햄릿"에서 주인공 햄릿이 "죽느냐 사느냐(to be or not to be) 이것이 문제로다" 고뇌하는 데서 착안해 낸 신조어다. 햄릿 증후군의 원인으로는 개인적인 성향과 성장 배경, 자아정체성의 상실, 부모의 선택과 결정에 의존하는 수동적인 성장기를 보낸 것 등이 꼽힌다.

실제로 결정 장애(햄릿 증후군)를 가지고 있는 사람들을 만나 보면 유년기 때부터 부모의 과잉보호 속에 자라나 어른이 되어서도 스스로 결정하기를 어려워하는 경우가 많다. 어릴 때부터 자신의 선택보다 부모의 선택과 결정에 의해 자라나다 보니 자기 스스로 선택을 하는 것에 미숙해져 버린 것이다. 부모의 선택과 관리 속에 스스로의 자율성을 잃어버린 사람들은 결국 햄릿 증후군을 앓게 된다. 마태복음 27장에 나오는 빌라도 총독도 햄릿 증후군을 앓고 있는 사람이었다.

빌라도 총독은 예수를 어떻게 처리해야 할지 막막했다. 그래서 유대 군중들에게 이렇게 질문한다.

"두 사람 가운데 누구를 놓아 주기 바라느냐?"

빌라도는 양심상 예수를 놓아 주고 싶었다. 그에게서 어떠한 죄도 찾아볼 수 없었기 때문이다. 그러나 예수를 놓아 주게 되면 유대인들의 따가운 질책을 받아 폭동이 일어날 것이 예상되었기에 이러지도 저러지도 못하고 있었다. 빌라도는 햄릿 증후군을 앓고 있었기에 스스로 결정을 할 수 없었다. 그래서 무리들에게 결정을 하게 했다. 문요한 작가의 「스스로 살아가는 힘」(더난출판사)이라는 책을 보면, 결정을 못하는 사람들에게는 '잘못에 대한 책임을 지고 싶어 하지 않는 특징'이 있다고 한다. 스스로 선택하고 성취해 본 경험이 없으면 더욱 자신감이 떨어져서 점점 더 자신이 아닌 다른 사람에게 묻고 바깥에서 답을 찾으려 하는 악순환이 반복된다고 한다.

빌라도는 두 마리의 토끼를 모두 잡고 싶어 했다. 죄가 없는 예수를 놓아 줌으로 양심상 거리낌이 없기를 원했고, 적당히 유대 군중들의 비유를 잘 맞춰서 폭동이 일어나지도 않기를 원했다. 그러나 상황은 빌라도의 예상과 달랐기에 그는 아무것도 결정하지 못하고, 자신의 안일을 위해 결정을 회피했다. 그는 잘못에 대한 책임을 지고 싶지 않았기 때문에 군중들에게 결정을 하게 했고, 자신은 아무 죄가 없다는 행동으로 무리들 앞에서 손을 씻었다.

성경 속 빌라도 총독처럼 우리도 매일같이 선택의 기로에서 고민을 하곤 한다. 중국집에 갔을 때 짜장면을 먹을지 짬뽕을 먹을지, 치킨을 먹을 때 양념을 먹을지 프라이드를 먹을지조차 고민의 이유가 된다. 그런데 어떤 사람들은 이런 질문 앞에서 조금의 머뭇거림도 없이, "난 짬뽕!", "난 프라

이드!" 이렇게 확실하게 답하기도 한다. 그런 사람들은 마음의 갈등이 전혀 없기 때문에 결정을 빨리 할 수 있었던 것일까? 그렇지 않다. 그들 또한 선택의 기로에서 속으로 갈등을 많이 했을 것이다. 중요한 것은 그 사람 마음속에 있는 갈등이 아니라, 내가 무엇을 원하는지를 생각할 수 있는 힘이다.

보통 자기 확신이 있는 사람들은 결정 또한 빠르게 하는데, 이런 사람들이 망설이지 않을 수 있는 것은 자기가 진짜 원하는 것이 무엇인지를 확실하게 판단할 수 있기 때문이다. 보통 그런 사람들은 어릴 적부터 자율권을 존중받고 주관을 분명히 표현할 수 있는 환경에서 자란 경우가 많은데, 이렇게 자기 스스로 뭔가를 결정할 줄 알아야만 선택의 기로 앞에서도 고통받지 않을 수 있다.

반면, 작은 일 앞에서도 갈팡질팡하며 결정을 내리지 못하는 이들도 있다. 이런 사람들은 대부분 대인 관계 패턴에서 비주장성 척도를 지닌 경우가 많다. 여기서 말하는 '비주장성 척도'란 자기주장을 하기보다 상대방에게 맞춰 주고 끌려가는 경우가 많음을 뜻한다. 그런 타입의 사람들은 다른 사람의 입장에 대해 더 고려하는 성향인 과순응성, 자기희생 척도 또한 높다.

이들이 대인 관계를 맺음에 있어서 다른 이들의 선택을 따르려고만 하는 이유는 인정 욕구와도 큰 관계가 있다. 상대방을 기쁘게 해서 인정받고자 하는 욕구가 강한 것이다. 그렇다 보니 다른 사람의 부탁을 쉽게 거절하지 못하고, 다른 사람들의 요구에 지나치게 민감해서 자기가 원하는 것보다 상대방의 요구를 더욱 중요하게 생각하는 것이다. 또 자기 일보다 다른 사람의 일에 더 책임감을 느끼고 도와주려 함으로써 상대방이 자신에게 더욱 강하게 결속되기를 바라는 성향도 갖고 있다. 따라서 자기 주도적이지 못한 사람은 언제나 타인의 기분과 표정을 살피는 데에만 급급하다. 틀리거나 실패하는 것이 두려워 아예 선택을 하지 않는 것을 택해 버리기도 한다.

예전에 내게 상담을 왔던 자매도 이런 결정 장애 때문에 곤란을 겪고 있었다. 그녀는 말투도 느리고 행동도 느리고 선택도 느렸던 터라, 늘 사람들에게서 따가운 눈총을 받곤 했다. 심지어는 아는 지인과 레스토랑에서 음식을 고를 때도 무엇을 먹을지 몰라 한참을 망설이다가 옆에 있는 사람에게 면박을 당하기도 했다. 또한 상당히 오래 망설이다가 작은 물건을 하나 구입해도, 그다음 날 그 선택이 잘못된 것 같아 환불을 하기 일쑤였다. 자매는 그런 자신의 모습이 너무나 창피해서 상담을 왔던 것이다.

나는 자매와의 상담을 통해 그녀의 어린 시절을 들여다볼 수 있었다. 자매는 어릴 적 매우 엄격했던 편모슬하의 가정에서 자랐다. 어머니는 매우 독선적인 분이었고, 딸이 자신의 선택에 모두 따를 것을 강요했다. 어머니의 독선에 매우 순종적으로 대처했던 그 자매는 작은 선택 하나까지도 모두 어머니의 허락을 받고 자라 왔다. 어머니의 뜻에 거스르는 일을 했다간 벌을 받거나 매를 맞았기 때문에 더더욱 그럴 수밖에 없었다. 성인이 되고 나서 이제는 스스로 모든 것을 판단해야 했지만, 자매에게는 여전히 어머니의 그림자가 서려 있었다. 그래서 엄마에게 혼이 날까 봐 두려워하는 어린아이 같은 얼굴로 모든 일에 늘 불안해했다.

이런 유년기의 기억을 알게 되자 치료의 방법도 명료해졌다. 그것은 자매 안에 있는 진짜 나를 찾게 하는 것이었다. 그래서 나는 그 이후로 자매에게 어떻게 행동을 하는 것이 좋을지 이야기해 주었다. 작은 모임이든 큰 모임이든, 어느 모임에 가서든 내가 원하는 것을 피력하도록 했고, 내가 먹고 싶은 음식을 다른 사람에게 함께 먹으러 가자고 권유토록 했으며, 내가 하고 싶은 것과 하기 싫은 것을 분명히 구분 짓고 선택할 수 있도록 연습을 하라고 했다.

그 결과 자매는 조금씩 자기 안에서 울리는 스스로의 목소리에 귀를 기울이기 시작했다. 다른 사람들에게 옳고 그름에 대해 이야기하기 시작했고, 어떤 결정을 할 때에도 분명한 태도를 보이려 노력했다. 이제 더는 무언가를 결정하는 일을 두려워하지 않게 되었고, 표정 또한 밝아졌다.

사실 우리는 모두 조금씩 햄릿 증후군과 같은 '연약함'을 가지고 있다. 우리 시대에는 특히 더 선택해야 하는 것들이 많아졌기 때문이다. 선택지가 많아지다 보면 무엇을 고를지 더 어려워지는 법이다. 시험을 볼 때 선택지가 2개면 답이 명확한데, 10개면 머릿속이 더욱 혼란스러워지는 것과 같은 이치다.

이와 같은 '햄릿 증후군'에 관해 정신건강의학과 김한철 전문의는 혼자 결정하기 힘들어하는 우리나라 사람들의 성향이 결정과 선택을 어렵게 만드는 가장 큰 원인이기도 하지만, 그 이면에는 결정과 선택을 잘못한 후에 닥쳐올 책임추궁과 비난을 두려워하는 눈치 보는 문화 탓도 크다고 말한다. 내가 상담했던 자매 또한 그랬다. 그녀는 무언가를 선택할 때마다 늘 어머니를 염두에 두어야만 했다. 그러다 보니 스스로의 목소리에 귀를 기울일 여지가 없었다. 우리 주위에는 이 자매와 같은 사람이 생각보다 참 많다. 많은 사람이 무엇인가를 선택하지 못해 불행한 삶을 살아가고 있는 것이다.

어떻게 하면 결정 장애를 극복할 수 있을까? 그 답은 명확하다. 자기를 찾는 것이다. 앞서 말했듯 결정을 빠르게 하는 사람들에게는 자신의 생각과 의견이 이미 내재되어 있어서 선택의 순간에도 우왕좌왕하지 않고 갈팡질팡하지 않는다. 결정을 빨리 하기 위한 방법에 대해 서울대 행정대학원장 최종훈 교수는 이렇게 말했다.

> 살까 말까 할 때는 사지 마라
> 말할까 말까 할 때는 말하지 마라
> 줄까 말까 할 때는 줘라
> 먹을까 말까 할 때는 먹지 마라

이처럼 자기 원칙과 고집이 있는 사람들은 결정을 빨리 할 수 있다. 확실한 목표를 가지고 있으니 선택 앞에서 머뭇거리지 않을 수 있는 것이다. 정답을 이미 알고 있는 문제 앞에서는 선택이 쉬워지듯, 인생을 살 때도 확실한 목표를 가지고 있으면 주어진 갈림길 앞에서 머뭇거리거나 망설이지 않을 수 있다.

또 하나 기억해야 할 것은 선택한 것을 두고 내가 잘한 것인지, 잘못한 것인지 따지지 않는 것이다. 우리가 선택 앞에서 망설이는 이유는 혹시라도 잘못된 선택을 할까 두려워하기 때문이다. 실패에 대한 두려움 때문에 극도의 신중을 기하며 시간을 끌다가 결국 선택할 순간조차 놓쳐 버리는 것이다. 그럴 때는 그냥 한번 해 보는 것이 낫다. 실패하면 '까짓 거 뭐 어때?' 하고 가볍게 생각해야만 앞으로의 선택을 좀 더 잘할 수 있게 된다. 실패를 통해 깨닫게 되는 것이 분명히 있을 테니 말이다.

우리의 선택이 항상 좋은 결과만 낼 수 없다는 것을 인정해야 결정 장애로부터 벗어날 수 있다. 아무리 크게 성공했다 할지라도 작은 실수와 실패 한 번 안 겪어 본 사람이 없음을 우리는 꼭 기억해야 한다. 그러므로 실패를 했을 때는 오히려 더 크게 웃어 보자. 그리고 더 당당해져 보자. 여기가 끝이라고 절망하는 대신 이제부터가 시작이라고 여겨 보자. 오히려 지금의 실패가 더 발전된 나로 인도해 주는 이정표라고 생각하자. 그래야만 무언가를 결정해야 할 때 어리석음 때문에 결정적인 실수를 저지르는 것을 막을 수 있다.

인생은 선택의 연속이다. '아침에 일어날 것인가, 더 잘 것인가', '아침 식사를 하고 출근할 것인가 말 것인가', '버스를 탈 것인가, 지하철을 탈 것인가' 등등 모든 순간이 다 선택과 결정의 연속이다. 순간순간 내리는 결정을 통해 우리는 현재를 만들어 가고 미래를 구축해 나간다. 결정을 어떻게 하느냐가 그 사람의 미래를 좌우하게 되는 것이다.

결정을 잘 하려면 내 삶에 우선순위가 분명해야 한다. 그리고 그렇게 결정할 수밖에 없었던 내 안의 논리가 확실히 있어야 한다. 특별한 지혜가 있어야 결정을 잘할 수 있고 빨리 할 수 있는 것이 아니다. 선택을 할 용기를 갖추었느냐가 중요하다. 그리고 만약 선택을 했다면 어떤 결과가 나오더라도 후회하지 말고 받아들여야 한다.

　빌라도는 잘못에 책임을 지고 싶지 않았기 때문에 스스로 결정을 하지 못했다. 그러나 주님은 십자가 대속의 죽음 앞에서 조금도 주저함이 없으셨다. 주님은 십자가를 질 만큼의 잘못이 자신에게 없다는 것과, 십자가를 질 때 큰 고통이 따른다는 것을 아셨음에도 십자가를 기꺼이 지셨다. 주님이 그렇게 빠르게 결정하실 수 있었던 것은 자신이 이 땅에 온 이유를 정확히 알고 계셨기 때문이다. "인자가 온 것은 섬김을 받으려 함이 아니라 도리어 섬기려 하고 자기 목숨을 많은 사람의 대속물로 주려 함이니라"(막 10:45). 이렇듯 우리 주님은 자신의 삶을 통하여 우리에게 정답을 알려 주심으로써 선택 앞에서 주저하는 우리의 연약함을 우리가 스스로 다스릴 수 있도록 도와주신다.

위로를 구하는 기도

주님, 수많은 선택과 결정 속에서
저는 길을 잃어버린 미아가 되어 버렸습니다.
어떤 것을 선택하고 또 어떤 것을 결정해야 할지
모르기 때문입니다.
세상은 선택과 집중을 잘해야 성공할 수 있다고 말합니다.
세상은 결정을 잘해야 다른 사람들보다
앞서갈 수 있다고 말합니다.
그런데 어떤 것을 결정해야 할지 기준이 제 안에 없습니다.
주님, 저를 불쌍히 여겨 주옵소서.
주님, 제 안에 기준이 되어 주옵소서.
그리하여 주님의 말씀에 따라
모든 것을 선택하고 결정하는 자가 되기를 원합니다.
세상의 기준과 가치관이 아닌,
주님의 말씀을 따라 결정하기를 원합니다.
갈바를 알지 못하는 저를 당신의 장중에 붙들어 주셔서
이 땅에서 흔들리는 갈대가 아닌,
굳은 심지가 있는 대나무가 되게 하소서.

엘리야가 모든 백성에게 가까이 나아가 이르되 너희가 어느 때까지 둘 사이에서 머뭇머뭇 하려느냐 여호와가 만일 하나님이면 그를 따르고 바알이 만일 하나님이면 그를 따를지니라 하니 백성이 말 한마디도 대답하지 아니하는지라. _왕상 18:21

야곱이 아버지에게 대답하되 나는 아버지의 맏아들 에서로소이다. 아버지께서 내게 명하신 대로 내가 하였사오니 원하건대 일어나 앉아서 내가 사냥한 고기를 잡수시고 아버지 마음껏 내게 축복하소서. 이삭이 그의 아들에게 이르되 내 아들아 네가 어떻게 이같이 속히 잡았느냐. 그가 이르되 아버지의 하나님 여호와께서 나로 순조롭게 만나게 하셨음이니이다. _창 27:19-20

16

쉽게만 살고픈 야곱

　우리 주변에는 세상을 쉽게만 살려고 하는 사람이 많다. 이성보다는 순간적인 감정에 이끌려 사는 사람, 목적을 이루기 위해서라면 수단과 방법을 가리지 않는 사람, 내일과 미래를 생각하지 않고 오늘 하루를 즐기는 사람, 자기가 좋으면 다른 사람에게 해가 될지라도 저지르고 보는 사람, 이 세상이 영원할 줄로만 알고 즐기는 데만 심취한 사람, 상대방의 기분과 감정보다 내 기분과 감정만 앞세우는 사람, 출세와 성공에 매여 사람을 이용하는 사람, 인맥이나 출신 배경, 연고를 이용해서 한몫 챙기려는 사람, 거짓과 음모를 통해 자신의 입지를 굳건히 하려는 사람 등 세상을 쉽게만 살려 하는 경우는 상당히 많다. 성경 속 야곱도 이런 사람이었다.

　야곱은 형의 발뒤꿈치를 잡고 태어났다. 태어날 때부터 다른 사람을 속이며 이 세상에 나온 것이다. 성인이 되어서는 형을 속이고 아버지 이삭으로부터 장자의 축복 기도를 받기도 했다. 야곱은 세속적인 명성만을 중시 여겼던 인물로, 그것만 있으면 인생이 모두 행복해질 것이라는 너무나도 인간적인 생각을 했던 사람이다. 장자가 되는 것에 눈이 멀어 형제간의 의리도 저버리고 아버지를 속이기까지 했던 야곱은 늘 그래 왔듯이 위기의 순간마다 세속적인 방법으로 해결하려 했다.

사실 우리도 살아가면서 세속적인 선택을 할 때가 많다. 세속적인 방식을 취하면 즉각적인 이득을 얻을 수 있기 때문이다. 쉬운 예로 시험을 볼 때 부정행위를 통해 좋은 성적을 받으려고 하는 것이 그런 일 중 하나다. 그러나 부정적인 방법에는 늘 책임이 뒤따른다. 시간이 조금 지나더라도, 결국 그 부정한 방법이 세상에 드러나게 되면 그 행위에 대한 처벌을 받게 되는 것이다.

그리스도인 또한 마찬가지다. 하나님의 방법이 아닌 세속적인 방법으로 모든 일을 처리하려고 하면 언젠가는 하나님의 심판을 받게 된다. 반대로 그리스도인이 하나님의 방법대로 일을 처리하면 하나님께는 영광을 돌리고 사람들에게는 더 큰 은혜와 감동을 줄 수 있다. 세속적인 방법은 지금 바로 사용할 수 있는 손쉽고도 간편한 도구일지는 몰라도, 사탄이 역사하는 부정한 행위가 되어 결국 나 자신을 무너뜨리고 만다. 하나님의 방법은 비록 조금은 어리석고 결과가 잘 보이지 않는 것처럼 보이지만, 결국 모든 것을 가능하게 하는 힘을 우리에게 부여해 준다.

예전에 교회에 나온 지 얼마 안 되었던 한 성도와 상담을 나눈 적이 있다. 지방에서 자란 이 성도는 성공이라는 단 하나의 목표를 위해 지금까지 달려왔다고 했다. 열심히 공부했지만 서울에 갈 집안 형편이 못 되어 지방 국립대에 입학했던 그는 4년 동안 등록금을 받아 그것으로 학업을 무사히 마칠 수 있었다. 대학을 졸업하고 나자 안정된 기업에 취직하였고, 기업에 들어가서도 매우 빠른 승진을 거듭했다. 승진의 비결은 윗사람에게 온갖 아부와 애교를 부리며 권모술수를 행하는 것이었다. 그러다가 그는 회사의 월급으로는 부족하다는 생각이 들어 과감히 창업에 나섰다. 다행히도 기업은 점점 더 성장해 나갔지만 한편으로는 어딘가 마음이 불편했다. 그러던 중 우연한 기회에 교회에 나오게 되었는데 어느 날의 주일 설교 말씀이 그의 마음을 울렸다. 그는 이렇게 말했다.

"목사님, 저는 요즘 사업하는 것이 너무 힘듭니다. 누가 뭐라고 하는 사람은 없지만, 신앙의 양심이 제 자신을 찌르고 주님이 나를 보고 계시다는 생각에 너무 부끄러운 마음이 듭니다. 성공을 이루기 위해서는 신앙도 버려야 된다고 생각했지만, 그렇게 하고 싶지는 않았습니다. 나를 찾아온 주님이 나에게 진정한 자유와 쉼을 주셨기 때문입니다."

주님의 말씀을 들음으로써 비로소 자신을 돌아보게 된 그는 세속적인 방법을 버리고 정직한 방식으로 주님을 섬기며 살아가겠노라 다짐하였고, 결국 마음의 평안을 찾았다. 이처럼 세속적으로만 살아왔던 사람도 주님을 만나면 변화할 수 있는 것이다.

야곱이 눈을 들어 보니 에서가 사백 명의 장정을 거느리고 오고 있는지라. 그의 자식들을 나누어 레아와 라헬과 두 여종에게 맡기고 여종들과 그들의 자식들은 앞에 두고 레아와 그의 자식들은 다음에 두고 라헬과 요셉은 뒤에 두고 자기는 그들 앞에서 나아가되 몸을 일곱 번 땅에 굽히며 그의 형 에서에게 가까이 가니 에서가 달려와서 그를 맞이하여 안고 목을 어긋맞추어 그와 입맞추고 서로 우니라. 에서가 눈을 들어 여인들과 자식들을 보고 묻되 너와 함께 한 이들은 누구냐 야곱이 이르되 하나님이 주의 종에게 은혜로 주신 자식들이니이다. 그 때에 여종들이 그의 자식들과 더불어 나아와 절하고 레아도 그의 자식들과 더불어 나아와 절하고 그 후에 요셉이 라헬과 더불어 나아와 절하니 에서가 또 이르되 내가 만난 바 이 모든 떼는 무슨 까닭이냐. 야곱이 이르되 내 주께 은혜를 입으려 함

이니이다. _창 33:1-8

야곱은 형이 자신을 만나기 위해 군사 400명을 거느리고 오는 것을 보고 겁을 먹었다. 그는 과거 자신이 형에게 잘못을 했기 때문에, 형이 자신을 벌하기 위해 오는 것이라고 생각했다. 이때 야곱은 세속적인 방법을 버리고, 형에게 용서를 빌었어야 했다. 자신이 아버지와 형을 속이고 장자권을 따낸 것에 대해 잘못을 인정하고, 그 어떠한 처벌도 달게 받겠다는 마음을 표현했어야 했다. 그랬다면 형 에서는 동생 야곱을 용서했을 것이며 미움과 복수의 마음 또한 눈 녹듯 사라졌을 것이다.

그러나 야곱은 하나님의 방법을 택하지 않고 엄청난 선물로 형의 환심을 사려고 했다. 여전히 세속적인 방식으로 상황을 벗어나려 했던 것이다. 또한 야곱은 자신이 먼저 나가 형을 맞이하지 않고, 두 여종과 함께 자식들이 먼저 나가도록 했다. 그리고 자신은 가장 뒤에 서 있었다. 만약 형이 복수라도 한다면, 가장 먼저 도망칠 요량이었던 것이다. 이처럼 야곱은 상황을 모면하기 위해 자식까지 위험에 내모는 사람이었다. 이익 앞에서는 누구보다 먼저 앞으로 나섰지만, 위기 앞에서는 누구보다 뒤에 서려 하는 권모술수에 능한 사람이었던 것이다.

얼마 전, 아파트 주차장에서 주차하다가 고급 외제승용차의 범퍼에 살짝 흠집을 낸 적이 있었다. 아주 자세히 보지 않으면 티가 나지 않을 정도의 흠집이라, 죄책감이 들기는 했지만 아무도 본 사람이 없었기에 그냥 집으로 올라왔다. 그런데 엘리베이터를 타고 올라오는 내내 마음이 찜찜했다. 그래서 다시 내려가 관리사무소를 찾았다. 차량 사고가 났으니 연락을 취해 달라고 하자 바로 우리 집 옆에 사는 이웃이 나왔다. 그와 대면하자마자 나는 용서를 구하면서 제 운전 부주의로 흠집을 내서 너무나 죄송하다고 사죄드렸다. 변상은 차후에 하겠다며 인사를 하고 헤어졌는데 며칠이 지나도 그에게 연락이 오지 않았다. 궁금한 마음에 다시 연락을 해 보았다. 그는 차를 수리소에 맡기려 하니 수리공이 이렇게 말했다고 했다. "고칠 것도 없어요. 보이지도 않는 흠인데요. 이 차를 부딪친 사람 참 정직하시네요."

덕분에 감사하게도 변상은 하지 않고 훈훈하게 해결할 수 있었다. 내가 혹시라도 이 일을 속에 감춰 두었다면 계속해서 스스로를 자책하며 힘들어했을 것이다. 그리고 아마 변상했던 금액보다 더 큰 값을 치러야만 했을 것이다. 야곱처럼 언제 형이 들이닥칠지 몰라 초조하게 삶을 이어가며 살아갔을지도 모른다.

하나님의 방법을 따르는 것은 얼핏 보면 어리석고 미련

해 보일지 몰라도 결국에는 사람의 마음을 움직이는 놀라운 힘을 가지고 있다. 초가 자신을 불태우면서 주변을 밝히듯, 우리는 자신을 태워가면서 세상을 밝히는 사람이 되어야 한다. 늘 다른 사람을 먼저 생각하는 마음으로 살아가야만 사람의 마음을 녹이고 작은 빛을 밝혀 줄 수 있는 것이다. 예수님이 우리를 구원하신 것도 마찬가지다. 주님은 우리를 너무나 사랑하셨기 때문에 엄청난 비용을 지불하고 우리를 구원해 주셨다. 그러므로 예수님의 제자 된 우리 또한 남을 사랑하고, 양보하고, 희생하는 사람이 되어야 한다.

우리는 언제나 세속적인 방법과 하나님의 방법 사이에 놓여 있다. 세속적인 방법은 손쉽게 결과를 가져다주지만, 하나님의 영광을 가리고 스스로를 가장 낮은 자리에서 불안해하도록 만든다. 반면 하나님의 방법은 힘겹게 결과를 성취하게 하지만, 결국 우리 스스로를 세상 앞에 당당하게 나설 수 있도록 도와준다. 세상 앞에서 언제나 세속적인 이득만 바란다면 세상을 살아감에 있어서는 편안할 수 있지만 영적으로는 어둡게 살아가게 된다. 반면 영적인 것에 밝으면 세상살이에서는 간혹 어려움을 겪게 될지언정 신앙생활이 편안하여 모든 것을 극복할 수 있게 된다.

신기하게도 세속적인 것에 밝으면 영적으로 어두워지고, 영적인 것에 밝으면 세상에 어둡게 되어 있다. 세속적인 것에만 밝았던 야곱은 승승장구하며 살아갔지만, 결국에는 감당 못할 큰 위기를 겪게 되어 자신이 믿고 의지했던 세상의 힘을 내려놓을 수밖에 없었다. 세속적인 것만으로는 위기를 모두 해결할 수 없다는 것을, 하나님의 거룩함만이 밝은 길로 인도해 준다는 것을 뒤늦게나마 깨닫게 된 것이다. 우리 또한 하나님의 힘을 믿을 때, 세속적인 것이 아니라 영적인 힘으로 극복하려고 할 때 비로소 자신의 연약함을 뛰어넘을 수 있다. 하나님이야말로 진정으로 우리의 연약함을 회복시키실 수 있는 존재이기 때문이다.

위로를 구하는 기도

주님, 당장 눈앞에 이익을 위해 쉽게 행동하였던
야곱의 마음이 제 안에도 있음을 고백합니다.
제 안에 있는 야곱은 현실의 눈이 너무 밝아
주님을 예배하고 주님의 말씀을 따라 행동하는 자가 아닌,
세상에서 성공하고, 출세하는 일에만 몰두하는
세속적인 사람이 되어 버렸습니다.
세상에 제 마음을 빼앗겼습니다.
그래서 주님이 원하시는 않는 방법으로 세상을 살다가
위기를 겪게 되었습니다.
주님, 저는 이제야 세상의 방식이 잘못되었다는 것을
깨달았습니다.
주님, 지금 이 순간이라도 돌이키기를 원합니다.
세상의 방식이 아닌,
하늘의 방식으로 이 땅을 살아가기를 원합니다.
저의 가는 길을 변화시켜 주옵소서.
주님의 길을 다시 걷는 은혜를 허락하여 주옵소서.

좁은 문으로 들어가라. 멸망으로 인도하는 문은 크고 그 길이 넓어 그리로
들어가는 자가 많고 생명으로 인도하는 문은 좁고 길이 협착하여 찾는 자가
적음이라. _마7:13-14

요나가 매우 싫어하고 성내며 여호와께 기도하여 이르되 여호와여 내가 고국에 있을 때에 이러하겠다고 말씀하지 아니하였나이까. 그러므로 내가 빨리 다시스로 도망하였사오니 주께서는 은혜로우시며 자비로우시며 노하기를 더디하시며 인애가 크시사 뜻을 돌이켜 재앙을 내리지 아니하시는 하나님이신 줄을 내가 알았음이니이다. 여호와여 원하건대 이제 내 생명을 거두어 가소서 사는 것보다 죽는 것이 내게 나음이니이다 하니. _욘 4:1-3

17

제멋대로 요나

    요나는 '비둘기'라는 이름의 뜻을 가진 이스라엘의 선지자였다. 그는 갈릴리의 가드헤벨 사람이었던 아밋대의 아들로 여보로암 2세의 치세 동안 하맛 어귀에서부터 아라바 바다까지 이스라엘의 국경을 회복할 것이라고 예언했다. 그중에서도 특히 니느웨를 가리키며 40일 후에는 멸망을 받을 것이라 선포하기도 했다. 요나의 예언에 니느웨 사람들은 모두 회개 운동에 동참하기 시작했다. 그리하여 니느웨는 멸망으로부터 구원을 받게 되었다. 그런데 문제는 다른 사람들은 회개하도록 만들었던 요나가 오히려 자신의 연약함으로 인해 회개를 해야 하는 입장에 처하게 되었다는 것이다.

    사실 요나는 니느웨 사람들을 몹시 싫어하여 멸망의 예언을 했다. 하나님의 마음으로 사명을 행하지 않고, 개인적인 감정과 고정관념만을 중요시했던 요나는 니느웨에 자비를 베푸신 하나님에게 몹시도 화가 났다. 니느웨가 멸망하기를 바랐는데 일이 그렇게 되지 않자, 하나님을 향해서 사는 것보다 죽는 게 낫다고 외쳤다. 결과가 자신의 바람과 정반대로 나오자 기분이 상했던 요나는 성숙하지 못한 인격을 가지고 있었다.

이처럼 요나는 영적인 우월감으로 가득 차 있는 사명자로 매우 배타적이며 이기적인 사람이었다. 철저히 자기중심적인 생각으로 하나님을 판단했으며, 이기적인 잣대로 세상 사람들에게 사역을 했다. 그러면서도 하나님은 늘 내 편이라고 생각했고, 교만한 마음으로 상대방을 정죄했다. 즉, 나와 내 편인 사람들에게는 하나님이 관대하시기를 바라면서도, 원수들에게는 엄격하시기를 이기적으로 바랐던 것이다. 그래서 요나는 니느웨가 용서받는 것을 참지 못하며 차라리 죽는 것이 낫다고 토로했다. 그는 마음의 감정이나 생각을 여과 없이 드러내는 성숙하지 못한 자로 매우 다혈질의 성품을 갖고 있었다. 어린아이처럼 싫은 일을 참지 못했고, 분노 또한 숨길 줄을 몰랐다.

우리 주변에도 요나처럼 행동하다가 결국 외톨이가 되어 버리고 마는 성도가 있다. 그는 누구보다도 열심히 사역하고 예배를 드리나, 늘 사람들과 다투고 미묘한 신경전을 벌이는 등 주변 사람들을 괴롭게 만든다. 믿음은 누구보다 뜨겁지만, 그 뜨거운 믿음을 담을 신앙의 인격은 갖추지 못한 것이다. 그래서 그는 사역을 하면서 자신의 감정과 기분을 여과 없이 드러내어 함께하는 동역자들에게 상처를 주곤 한다. 결국 그에 대한 불신이 깊어지고 그 누구도 그와 함께 사역하기를 바라지 않게 된다. 이 성도의 문제는 아이러니하게도 너무나 열심히 사역을 한다는 데 있다. 너무나도 열성적으로 주님을 섬기다 보니, 다른 사람들의 사역이 부족하다 생각되어 결국에는 왜 열심히 하지 않느냐 윽박지르고 화를 내는 것이다.

열심만 있는 사역은 사고가 날 확률이 매우 높다. 운전면허를 딴 사람이 운전을 하고 싶은 열망만 가지고 도로 주행을 나갔다가 큰 사고를 일으키는 것과 같은 이치다. 사역은 열성을 다하는 마음도 갖춰야 하지만, 그보다 먼저 예수님의 마음을 읽는 인격을 갖춰야 한다. 즉, 섬기겠다는 열심과 예수님을 향한 마음이 연합되어야 사역에 꽃을 피울 수 있는 것이다.

요나 역시 누구보다 열심히 사역했지만, 자신의 이기심을 다 버리지 못했기에 결국 하나님께 섭섭한 감정을 쏟아내게 되었고 스스로를 고통스럽게 만들었다. 주님을 따르는 사명자는 절대 자신의 감정이나 개인적인 의견을 앞세워서는 안 된다. 주님의 마음을 헤아리고 그분의 뜻에 따라야 한다. 따라서 싫은 사역을 하게 되거나 감당하기가 힘든 사람과 동역을 하게 될지라도 얼굴에 싫은 티를 내거나 화를 내서는 안 된다. 물론 그렇다고 해서 위선의 얼굴을 하라는 것은 아니다. 다만 마음속으로 다른 마음을 갖고 있더라도 그 마음을 식히고 평온한 인격을 채워야 한다는 것이다. 자동차가 오랜 시간 동안 엔진을 켜 놓더라도 과열이 되거나 불이 붙지 않을 수 있는 것은 그 열기를 식혀 주는 강력한 냉각장치가 있기 때문이다. 냉각장치가 엔진의 열을 식혀서 과열되지 않도록 해 주는 것처럼 주님의 일을 담당하는 사역자 또한 마음속에 영적인 냉각장치를 잘 마련해 두고 있어야 한다. 그래야 외부로부터 받는 스트레스나 압박이나 비난을 잘 식힐 수 있다.

또한 하나님의 일을 감당하는 사역자는 그 안에 이기적인 마음이 없어야 한다. 우리는 종종 개인의 이기적인 마음으로 하나님을 이용할 때가 많다. 어떤 순간이든 하나님이 내 편이기를 바라는 것이다. 하지만 진정한 사역자는 "하나님, 제 편이 되어 주세요"라고 하지 않고 "제가 하나님 편이 되게 해 주세요"라고 기도한다. 그러므로 사역자는 하나님의 일을 감당할 때 개인적인 이기심과 선입견을 철저히 배제해야 하는 것이다.

몇 해 전, 몽골로 여름 아웃리치를 갔던 적이 있다. 중학

생부터 70세 어르신까지 다양한 분들과 함께 아웃리치에 참여했다. 당시 우리가 했던 사역은 의료를 돕는 것이었다. 우리는 아웃리치를 출발하기 두 달 전부터 간단한 몽골어와 몽골 문화를 공부했고, 그곳에서 만날 영혼들을 위해 날마다 기도했다. 몽골에 도착한 우리는 몽골국제대학교에 베이스캠프를 차리고 찾아오는 이들에게 의료 봉사를 시작했다. 어마어마한 사람들이 방문해 주어서 상당히 바쁜 시간을 보냈지만 우리는 지치지 않았고, 사람들이 오면 올수록 심장이 더욱 뜨거워지는 것을 느꼈다. 나는 치료받는 사람들을 위해 중보기도를 해 주었는데, 너무 많은 사람을 위해 기도하느라 목이 다 쉴 정도였다. 하지만 가슴속은 오히려 더 벅차오르고 감사했다.

그다음 여정으로 우리는 빈민 지역으로 갔다. 쓰레기더미 속에서 힘들게 생활하는 극빈자들을 위한 사역이었는데, 생각했던 것보다도 훨씬 많은 사람이 열악한 환경 속에서 제대로 된 치료도 못 받은 채 고통받고 있어 큰 충격을 받았다. 우리 팀은 하나님 아버지의 마음을 가지고 울면서 기도하며 그들을 치료했다. 그리고 힘이 들 때면 아웃리치를 오기 전에 언제나 마음속으로 빌었던 기도문을 떠올렸다. '하나님, 우리에게 하나님 아버지의 마음을 주옵소서.'

이처럼 사역을 하는 사람은 늘 하나님 아버지의 마음을

가지고 사명을 감당해야 한다. 사역자는 단순히 일하는 사람이 아니라, 하나님 아버지의 마음으로 일하는 사람이기 때문이다. 하나님 아버지의 마음을 가지고 사역하면, 욕을 먹어도, 사람들이 알아주지 않아도, 조금 손해를 보고 어려움을 겪어도 감사의 인사가 절로 나오게 된다. 하지만 요나처럼 주님을 섬기는 것보다 자기 마음의 목소리에만 귀를 기울인다면 평생 불만과 불평의 마음을 가진 채 하나님을 섬기게 된다.

> 요나가 성읍에서 나가서 그 성읍 동쪽에 앉아 거기서 자기를 위하여 초막을 짓고 그 성읍에 무슨 일이 일어나는가를 보려고 그 그늘 아래에 앉았더라. 하나님 여호와께서 박넝쿨을 예비하사 요나를 가리게 하셨으니 이는 그의 머리를 위하여 그늘이 지게 하며 그의 괴로움을 면하게 하려 하심이었더라. 요나가 박넝쿨로 말미암아 크게 기뻐하였더니 하나님이 벌레를 예비하사 이튿날 새벽에 그 박넝쿨을 갉아먹게 하시매 시드니라. _욘 4:5-7

요나는 성읍 동쪽에 초막을 짓고 앉아 니느웨가 멸망하기를 고대했다. 자신이 예언한 대로 그들이 멸망하기를 학수고대하며 진을 쳤던 것이다. 그러나 하나님은 요나의 편협하고도 이기적인 세계관을 탓하시며 "네가 화내는 것이 진정 옳은 것이냐" 물으신다. 그리고 "이 상황은 네가 화를 낼 것이 아니라 하나님의 뜻을 깨닫는 시간이어야 한다"고 말씀하시며 초막 위에 넝쿨을 준비하여 요나를 가리게 하셨다. 요나는 자신의 머리에 넝쿨이 드리워진 이유가 하나님이 태양빛으로부터 그를 보호하시기 위함인 줄 알고 기뻐했다. 하지만 하나님은 그 넝쿨에 벌레를 보내 시들게 하심으로써 요나를 벌하셨다.

하나님이 요나를 시원하게 만들었던 넝쿨을 제거하신 데에는 이유가 있었다. 하나님께서는 니느웨 성과 그 백성들이 요나가 아끼는 넝쿨과는 비할 수 없을 만큼 소중하다는 것을 일깨우기 위함이었던 것이다. 하나님이 가꾸고 기르고 사랑한 니느웨 백성들이 죄로 인해 멸망당하는 것을 보는 것이 훨씬 더 고통스러운 일이라는 것을 보여 주신 것이다. 결국 주님의 뜻을 뒤늦게 깨닫게 된 요나는 큰 재앙을 맛본 후에서야 드디어 하나님의 뜻을 바라보게 되었다.

어쩌면 우리 또한 요나처럼 자신의 판단만 신뢰하는 연약함을 가지고 있는지 모른다. 잘난 척하고, 있는 척하고, 자신이 하고 싶은 것만 하고 살며 다른 사람들을 고통 속에 몰아넣었는지도 모른다. 하나님은 요나의 연약함을 치유하기 위해 고래 배 속에서 철저히 혼자 있는 시간을 보내도록 하셨다. 외롭고, 고통스럽고, 절망적인 그 시간을 통해 요나는 자신의 교만을 내려놓고 진정한 주님의 뜻을 따를 수 있게 되었다. 우리 또한 자기 안의 교만을 버리고 진정으로 주님을 섬겨야 한다. 그래야만 진정한 사역을 행할 수 있게 될 것이다.

/ 위로를 구하는 기도 /

주님, 아버지 하나님의 마음을 갖지 않고 사명을 감당했던
요나가 바로 제 자신입니다.
주님께 거룩한 사명을 받았지만, 주님의 마음이 아닌,
저의 열심과 욕심으로 사명을 감당하였습니다.
그래서 사명을 감당하다가 사람들에게 상처를 주기도 했고,
상처를 받기도 했습니다.
아버지 하나님의 마음이 제 안에 없었기 때문입니다.
그래서 쉽게 지쳤고, 사람들 때문에 실족했고,
주님께 섭섭한 마음이 많았습니다.
주님, 저의 연약함을 용서하여 주옵소서.
주님의 사명을 감당할 때
제 생각과 제 욕심을 내려놓겠습니다.
철저히 주님의 마음을 품고 달려가겠습니다.
제 안에 주님의 마음을 주옵소서.

너희는 이 세대를 본받지 말고 오직 마음을 새롭게 함으로 변화를 받아 하나님의 선하시고 기뻐하시고 온전하신 뜻이 무엇인지 분별하도록 하라. _롬 12:2

── 연 약 함 이   건 네 는   위 로 ──

Part. 3

연약해도
괜찮아

01

약함을 채워 주시는 하나님

앞서 우리는 다양한 성경 속 인물들을 통해 제아무리 대단한 업적을 남긴 사람이라 해도 연약함과 약점이 있음을 살펴보았다. 하나님께 쓰임 받았던 자들은 한결같이 자신의 약함을 먼저 인정하고 고백했다. 그래서 가난한 마음으로 하나님 앞에 다시 마주 섰을 때, 하나님의 강인함이 다시 빛을 발하여 그들의 연약함이 고개를 숙이게 될 수 있었다.

안에서 답을 찾았는데 밖에서 문제를 못 풀 리 없고,

안이 단단하다면 밖이 흔들릴 리 없고,

안이 새로워졌는데 밖이 그대로일 리 없다.

세상의 모든 새로움은 안으로부터 시작된다.

안에서 밖을 만든다.

예전에 모 IT 기업의 광고 카피문구다. 이 광고는 '안으로부터의 변화'를 슬로건으로 연출된 것으로, 신문을 통해 우연히 이 구절을 보고 큰 도전과 감동을 받았다. 광고의 문구처럼, 안에서 문제를 해결하면 바깥의 상황 또한 나아진다. 이는 곧 정신적인 것이 육체적인 것을 극복할 수 있음을, 내면이 외면을 바꿀 수 있음을 뜻한다. 아무리 심신이 연약하고 가정이 위태롭고 환경이 어렵더라도 내 안을 단단하게 만든다면, 외부로 인한 연약함은 충분히 극복할 수 있다.

상담실에 내담하는 분들이나 한마음 예배에 오는 분들은 대부분 자신의 연약함 때문에 고통받던 이들이었다. 목회를 하다 보면 그와 같은 경우를 수없이 목격할 수 있는데, 그들은 모두 자기 안의 문제를 해결하지 못해 외적으로도 많이 피폐해진 상황이었다. 내면을 할퀸 치명적인 상처 때문에 우울증에 빠지거나 열등감과 분노에 사로잡힌 이들과 만나다 보면, 그 모습이 마치 우산 없이 갑자기 폭우를 만난 아이와 같아서 안쓰러운 마음이 생긴다. 그래서 나는 그런 분들을 만나면 일단 사랑의 수건을 먼저 건네주고자 노력한다.

"그동안 많이 힘드셨지요? 정말 많이 힘드셨을 것 같아요. 함께 이 시련을 헤쳐나갑시다."

이 공감의 말 뒤에 따르는 것은 자신의 연약함을 스스로 탓하지 말라는 조언이다. 지금 내가 힘든 것은 오로지 나의 실책 때문이 아니기 때문이다. 운이 나쁘거나 재수가 없었거나 팔자가 사나워서가 아니라, 그저 여러 요소들이 예기치 못하게 얽혀 그렇게 된 것이다. 그래서 나는 그들에게 이제는 혼자가 아니기에 하나님과 함께 이겨 내기를 권면한다. 이것이 목회 상담과 회복 사역의 시작이다. 상처와 아픔의 소낙비를 흠뻑 맞아 오들오들 떨고 있는 이들에게 성령님을 맞아 회복할 수 있도록 상담을 시도하다 보면, 그들은 놀라울 정도로 빠르게 자신들의 연약함을 극복해 나간다.

> 수고하고 무거운 짐을 진 모든 사람은 다 내게로 오라. 내가 너희를 쉬게 할 것이다. 나는 마음이 온유하고 겸손하니 너희는 내 멍에를 메고 내게서 배우라. 그러면 너희 영혼이 쉼을 얻을 것이다. 내 멍에는 메기 쉽고 내 짐은 가볍다. _마 11:28-30, 우리말성경

물론 상담을 통해 그동안 자신을 아프게 했던 상처가 모두 완전히 치유되는 것은 아니다. 엉켜 있던 관계가 여전히 꼬여 있을 수도 있고, 쌓였던 응어리가 한순간에 모두 사라지는 것도 아니지만, 그들은 고독했던 자신의 인생에 하나님을 받아들이는 것만으로도 큰 힘을 얻는다. 꼭 전장에 홀로 서 있던 군인에게 천군만마가 생긴 것처럼 말이다. 이처럼

나와 상담했던 분들이 놀라운 변화를 맞이할 때마다 나는 예전에 읽었던 어느 소설을 떠올리곤 한다.

그 소설은 캐나다의 작가, 윌리엄 폴 영(William Paul Young)의 장편 소설 「오두막」(세계사)이다. 이 소설은 세계적으로 선풍적인 인기를 끌며 2천만 부 이상 판매고를 올린 스테디셀러다. 그 인기에 힘입어 영화로 제작되기까지 했고, 많은 이에게 큰 반향을 일으켰다.

이 이야기 속 주인공 맥은 세 자녀를 둔 아빠다. 그는 어린 막내딸 미시를 유독 예뻐했다. 그런데 모처럼 떠난 가족여행에서 첫째와 둘째가 물에 빠지는 불행한 사고를 당한다. 다행히 맥은 두 아이를 구하는 데 성공하지만, 불행은 여기서 끝이 아니었다. 맥이 두 자녀를 구하는 동안, 셋째 딸 미시가 괴한에게 유괴를 당한 것이다. 맥은 미시를 찾기 위해 고군분투하지만, 안타깝게도 미시는 결국 죽음을 맞이한다.

그러던 어느 겨울, 맥은 편지를 하나 받는다. '파파'라고 부르는 이로부터 온 편지다. 주말에 오두막으로 오라는 내용인데, 바로 미시의 마지막 흔적이 발견된 그 오두막이다. 누가 장난치는 것 같아 맥은 화가 잔뜩 났지만, 혹시라도 범인이 보낸 편지일까 싶어 오두막을 찾는다. 아무도 없는 오두막에서 '대체 누가 이런 짓을 하는 것이냐'며 분노하는 맥 앞에 세 사람이 등장한다. 그들은 하나님, 예수님, 사라유로, 기독교의 성부와 성자와 성령이다. 이들은 맥의 상처를 끄집어내고 천국에 있는 미시를 만나도록 돕는다. 처음에 어리둥절해 하던 맥은 미시를 만남으로 치유 받지만, 또 다른 난관에 부딪힌다. '과연 사랑하는 막내딸을 죽인 살인자를 망설임 없이 용서할 수 있느냐' 하는 문제가 바로 그것이었다.

오두막을 읽으며 애달픈 마음을 느끼기도 했지만, 한편으론 마음이 편해지기도 했다. 현실은 아팠지만, 그 현실을 어루만져 주시는 하나님의 따뜻함을 느낄 수 있었기 때문이었다. 나는 상담가의 관점에서 하나님이 최고의 상담사이자 치유자라는 사실을 다시 한 번 깨달았다.

하나님은 끔찍한 상처로 인한 분노 때문에 일상생활을 잘 이어 가지 못했던 맥을 상처의 근원지인 오두막 현장으로 초대해 자신의 '연약함'과 직면하도록 하셨다. 또한 막내딸 미시가 천국에서 해맑게 뛰어노는 모습을 보여 주며 맥의 죄책감을 덜어 주셨다. 성부 하나님은 넉넉한 마음으로, 성자 하나님은 따뜻한 사랑으로, 성령 하나님은 그가 다시 회복하여 새로운 삶을 살아갈 수 있도록 감싸 안으신 것이다. 하나님께서 우리의 연약함을 토해내게 하시고, 이 땅에서 그 연약함을 딛고 승리하게 하시는 것. 그것이 오두막의 핵심 메시지다.

받은 계시들이 지극히 큰 것으로 인해 나로 교만하지 않게 하시려고 내 육체에 가시 곧 사탄의 사자를 주셨습니다. 이는 나를 쳐서 교만하지 않게 하시려는 것입니다. 나는 이것이 내게서 떠나도록 주께 세 번이나 간구했습니다. 그러나 그분은 내게 말씀하셨습니다. "내 은혜가 네게 족하다. 왜냐하면 내 능력이 약한 데서 온전해지기 때문이다." 그러므로 나는 내 약한 것들에 대해 크게 기뻐하며 자랑할 것입니다. 이는 그리스도의 능력이 내게 머물게 하기 위함입니다. 그러므로 나는 그리스도를 위해 약한 것들과 모욕과 궁핍과 핍박과 곤경 가운데 있으면서도 기뻐합니다. 왜냐하면 내가 약할 그때에 곧 강하기 때문입니다. _고후 12:7-10, 우리말성경

사도 바울은 연약한 우리를 하나님께서 그분의 강함으로 채워 주신다고 고백했다. 그래서 바울에게는 약함이 결코 창피한 것이 아니었다. 그는 오히려 자신의 약함을 더 자랑했다. 약함이 곧 강함인 것을 깨달았기 때문이다.

내가 존경하는 서울 내수동교회 박지웅 목사님은 다음과 같이 말했다.

"가나안 땅은 하늘을 쳐다보아야만 살 수 있는 땅이요, 애굽은 땅만 쳐다봐도 부족함이 없는 땅이다. 그러나 하나님은 가나안을 축복의 땅이라고 하셨다. 하나님의 관점과 사람

의 관점이 다르다. 문제는 여기에 있다. 사람이 보기에 축복의 땅은 분명코 애굽이지만 하나님의 생각은 좀 다르다. 약하기 때문에 눈을 들어 하늘을 보아야 하고, 그러기에 그 하나님의 눈길이 머물러 있는 곳이 축복의 땅이었다. 진정한 안전이 무엇인가. 진정한 강함이 무엇인가. 단순히 약함과 결핍이 제거된 상태가 아니다. 오히려 하나님을 의지하지 않고서는 살 수 없는 의존성, 그 의존성의 향기가 물씬 풍기는 상태가 진정한 강함이고 안전함이다. 바울은 이것을 알았기에 '내가 약할 그때에 곧 강함이라'고 했다. 그래서 그는 오히려 자신의 약함을 거룩히 여겼던 것이다."

이처럼 아무것도 할 수 없다고 느낄 때 진실로 하나님을 바라봐야만 한다. 그러면 새 힘을 공급받을 수 있다. 우리의 힘과 지혜로 어떻게 해 보려 발악할수록 더 연약해질 뿐이다. 연약함은 인간이 싸울 수 있는 영역이 아니다. 하나님께 전부 맡겨 드려야 연약함의 굴레에서 해방되어 이전보다 강해질 수 있다.

돌아보면 나는 열두 살 무렵에 정신적으로도 육체적으로도 상당히 연약한 시기를 거쳤다. 당시 아버지가 돌아가신 터라, 어머니가 2남 2녀의 가장이 되셨다. 슬픈 시기였기에 우리 가족은 서로 깊이 의지했다. 누구보다 가족을 우선시했고, 누나와 형은 어머니를 끔찍이 보살폈다. 저녁에는 서로

손을 맞잡고 한 이불 아래서 잠들기도 했다. 따뜻하고 정겨운 가정이었지만, 아버지의 부재는 여전히 우리 모두에게 크나큰 상처로 자리매김하고 있었다.

그러나 어머니는 의지가 강한 분이셨다. 그 힘의 원천은 바로 기도였다. 어머니는 자신에게 닥쳤던 모든 시련의 순간을 믿음으로 돌파하려 하였고, 우리 또한 어머니를 본받아 매일 밤 가정 예배를 드렸다. 당시에는 무슨 뜻인지도 모른 채 어머니를 따라 찬송가를 부르거나 예배를 드렸는데, 지금 생각해 보면 우리가 그 시기를 극복할 수 있었던 가장 큰 힘은 바로 그 기도 덕분이었다. 경제적인 어려움과 아버지를 잃은 슬픔에 힘겨웠지만, 그럴수록 우리는 더욱더 하나님께 바짝 다가갔다. 그때마다 하나님은 우리 가정에 새롭게 극복할 힘을 주셨고, 필요한 때마다 먹을 것과 입을 것을 공급해 주셨다. 누구보다 연약했지만, 역설적으로 세상 어디에서도 받을 수 없던 강한 사랑과 은혜를 덧입었다. 하나님께 일평생 나를 사용해 달라고 서원기도를 드린 것도 그즈음이었다.

> 내가 산을 향해 눈을 든다. 내 도움이 어디서 오겠는가? 내 도움은 하늘과 땅을 만드신 여호와께로부터 온다. _시 121:1-2, 우리말성경

우리 하나님이여, 주께서 그들을 심판하지 않으시겠습니까? 우리는 우리를 공격하고 있는 저 큰 군대에 맞설 힘이 없습니다. 우리는 어떻게 해야 할지 모르겠습니다. 오직 우리 눈은 여호와만 바라볼 뿐입니다. _대하 20:12, 우리말성경

하나님의 영광에 힘입어 좌절을 극복했다고 생각하던 즈음, 내게 또 다른 시련이 찾아왔다. 시신경 염증으로 왼쪽 시력을 잃은 것이다. 모든 사물을 오른쪽 눈으로만 봐야 했기 때문에 불편하고 답답했다. 원근감과 입체감도 잘 느껴지지 않았고, 자동차를 운전할 때 앞 차와의 거리도 잘 가늠이 안 되었다. 울퉁불퉁한 바닥을 시각적으로 감지하는 것도 잘 안 돼서 넘어지기 일쑤였다.

주변 사람들은 내가 걱정되었던지 늘 눈의 회복 여부를 물어보았다. 처음에는 조금씩 좋아지고 있다고 둘러댔으나 그마저도 점점 지쳐갔다. 3개월 후, 앞을 볼 수 없는 답답함이 몰려오며 우울증에 시달렸다. 우울증에 대해 늘 설교해 왔고, 갖가지 마음의 병을 앓고 있는 분들을 많이 상담해 왔는데, 내가 직접 우울증을 겪게 되니 정신을 똑바로 차릴 수가 없었다.

밤이 되면 감정은 더 소용돌이쳤다. 방치했다가는 일상생활에도 지장을 줄 것 같아 엘리야처럼 동굴로 들어갔다.

기도원에 들어가 하나님과 대면한 것이다. 마침 B형 독감 판정을 받아 교회에서 5일 동안 격리되었을 때였다. 독감 때문에 몸에서는 열이 펄펄 들끓었지만, 그럴수록 더 열심히 하나님께 기도하고 매달렸다. 그러자 하나님은 내게 화려한 옷을 벗고 그분이 내어 주시는 옷을 입으라고 말씀하셨다. '내 안에 거품이 많았구나. 하나님이 아닌 다른 것으로 내면을 채우려 했구나.' 하나님께 내 우울한 감정을 회복시켜 달라고 할 참이었는데, 오히려 회개하고 뉘우치며 나 자신을 돌아보게 되었다. 그러자 우울한 감정도 다 사라졌다. 기도원에서 눈물 콧물 다 흘리며 하나님이 나를 얼마나 사랑하시는지 새삼 깨달은 것이다.

> 오 내 영혼아, 왜 그렇게 풀이 죽어 있느냐? 왜 이렇게 내 속에서 불안해하느냐? 너는 하나님을 바라라. 그 도와주시는 얼굴을 보아라. 내가 오히려 그분을 찬양하리라. _시 42:5, 우리말성경

하나님이 이스라엘 백성들을 광야에 보내신 것도 그들을 영적으로 바로 세우기 위함이었다. 그들은 사방을 둘러보아도 어디 하나 편할 곳 없는 광야에서 가장 강하신 하나님을 만날 수 있었다. 그리고 그 하나님만 의지했다. 이처럼 연약함은 인간을 비참하게 하지만, 연약함 뒤에 계신 하나님을

올곧게 바라보면 내면의 결핍을 이길 수 있는 힘이 생긴다. 역설적으로, 결핍으로 인해 내면이 더욱 강해지고 풍성해질 수 있는 것이다.

몇 해 전 청년부 사역을 할 때의 일이다. 여호수아 청년부에서 중보기도부를 섬기는 부장님이 다급하게 나를 찾아왔다.

"목사님, 부탁이 있습니다. 꼭 들어주셔야 합니다."

그의 울먹이는 목소리에서 절박함이 느껴졌다.

"저희 어머님이 말기암입니다. 그런데 아직 예수님을 영접하지 못하셨습니다. 저와 중보기도부서 사람들이 찾아가 복음을 전하려 했지만 전부 거절하셨습니다. 이제 2주 정도 남았다고 합니다. 목사님, 어머니에게 마지막으로 복음을 전해 주세요."

이 말을 듣고 병원에 찾아갔지만, 들어가서 몇 마디 하지도 못하고 쫓기듯 나와야 했다. 어머님이 하나님을 받아들이기를 너무나도 완강히 거부했기 때문이다. 그래서 기도를 드렸다.

"하나님, 저에게는 그분을 변화시킬 능력이 없습니다. 하지만 그분은 꼭 주님의 자녀가 되어야 합니다. 그분이 주님을 만날 수 있도록 도와주세요."

놀랍게도 며칠이 지나지 않아 중보기도부 부장님에게서

전화가 왔다.

"목사님, 어머니께서 곧 운명하실 것 같아요. 지금 여기로 와 주실 수 있나요?"

병원은 마침 우리 집에서 10분도 안 걸리는 거리에 있었다. 즉시 병원으로 달려가 그분에게 요한복음 3장 16절 말씀을 전한 후, 예수님을 믿으시면 제 손을 꼭 쥐어 달라고 부탁드렸다. 그러자 임종을 앞둔 어머니가 내 손을 마주 잡았다. 죽음의 바로 직전 복음을 받아들여 하나님의 부름을 받은 것이다.

우리는 본디 약하게 지음 받았다. 하나님의 도움과 다스림 없이는 존재할 수가 없을 정도로 연약한 것이 인간이라는 존재다. 여기서 말하는 연약함이란 무가치하다거나 볼품없다는 의미가 아니다. 하나님 앞에서의 연약함을 말하는 것이다. 세상살이를 통해 연약해진 자도 하나님의 도움을 받으면 강력한 에너지를 낼 수 있다. 그분 앞에서 높아지려는 사람은 무서운 심판을 받게 되지만, 반대로 자신을 더 낮추고 겸손해지는 사람은 축복을 받는다. 그러므로 우리는 어깨의 힘을 빼고 '당신 없이는 아무것도 할 수 없다'는 사실을 인정해야 한다. 하나님 앞에서의 연약함을 자랑하고 즐거워할 때 비로소 우리는 강한 자로 새롭게 거듭날 수 있기 때문이다.

/ 02 /

약점이 곧 강점이다

    우리가 삶을 살아갈 때 종종 마주치게 되는 연약함은 행복한 인생을 향해 가려는 우리의 발목을 붙잡는 존재다. 연약함은 나를 좌절하게 만들고 세상 앞에 무릎 꿇게 만들기도 한다. 그러나 이러한 고난의 순간을 지혜롭게 잘 받아들이면, 연약함은 오히려 내 삶에 디딤돌이 되어 나로 하여금 세상에 선한 영향력을 끼치는 존재로 거듭나도록 해 주기도 한다. 그런 이유로 우리는 '연약함'을 옳은 방법으로 잘 다스리는 방법을 늘 연구하며 살아가야 한다.

    이어, 연약함을 통해 스스로 강해진 사람들을 몇 명 소개하고자 한다. 경영의 귀재 고(故) 마쓰시다 고노스케 회장은 생전에 지혜롭고도 훌륭한 지도자로도 정평이 나 있던 사람이었다. 그는 "인간은 닦을수록 빛을 발하는 원석과 같은 존재"라는 말을 늘 가슴속에 새기며 주변 사람들을 대해 주었다. 인간은 숙명적으로 결핍을 가질 수밖에 없는 존재이지만, 그렇기에 더 큰 가능성을 가진 값진 존재라는 것을 알고 있었던 것이다. 그래서 그는 늘 주변 사람들을 존중해 주었고, 그로 인해 존경을 받았다. 그가 그룹의 총수가 되었을 때, 한 직원이 물었다.

"회장님은 그동안 어떻게 하셨기에 이렇게 큰 성공을 이룰 수 있었습니까?"

고노스케의 대답은 의외였다.

"저는 하늘로부터 세 가지 은혜를 입었습니다. 가난하게 태어난 것, 허약하게 태어난 것, 배우지 못한 것이 바로 그것입니다."

가난 때문에 초등학교도 마치지 못하고 자동차 수리공으로 일해야 했던 어려운 유년 시절을 어떻게 은혜로 받아들일 수 있었을까. 그는 어리둥절해 하는 직원에게 이렇게 말했다고 한다.

"가난하게 태어났기 때문에 부지런하지 않고는 살아남을 수 없다는 진리를 터득했고, 몸이 약해 일찍부터 건강을 챙길 수 있었으며, 초등학교도 졸업하지 못했기 때문에 주위 모든 분을 스승으로 모시고 배우는 것을 주저하지 않았습니다. 그러니 이 모든 것이 신께서 제게 주신 은혜이지요."

그는 자신이 가진 약점을 통해 돈으로 살 수 없는 삶의 지혜를 터득했던 것이다. 이처럼 삶이 내게 준 '약점'은 오히려 강점이 되어 삶이 더 반짝반짝 빛이 나도록 만들어 주기도 한다.[1]

'희망의 전도사'로 널리 알려진 오스트레일리아의 닉 부이치치(Nick Vujicic)는 유전 질환으로 인해 태어날 때부터 손과 발이 없었다. 그는 자신의 현실을 비관하며 세 차례나 자살을 시도했지만 단 한 번도 성공하지 못했다. 닉의 부모님은 그런 그를 무작정 감싸는 대신 다른 아이들과 똑같이 일반 학교에 진학시켰다. 그곳에서 닉은 세상의 가치를 새롭게 깨달을 수 있었고, 학생회장까지 역임하며 비장애 친구들과 조화롭게 살아가는 법을 스스로 깨우치게 되었다. 그는 인터뷰에서 이렇게 말했다.

"누구나 실패합니다. 그때마다 배우는 것이 중요합니다. 그러면 누구나 다시 일어날 수 있습니다. 내가 가지지 못한 것보다 내가 가진 것에 더 집중하세요. 사람들은 언제나 자신의 외모, 인기, 학벌, 직업에 연연합니다. 하지만 오늘이 마지막 날이라면, 사람들은 나의 외모나 성공을 기억하지 않을 겁니다. 내가 어떻게 사랑하고 용서하고 용기를 줬는지를 기억하겠지요."[2]

---

1) 마쓰시타 고노스케, 「마쓰시타 고노스케, 위기를 기회로」, 청림출판, 2010
2) 닉 부이치치, 「닉 부이치치의 허그 HUG」, 두란노, 2010

운동선수 중에도 신체적 약점을 극복하고 전설적인 선수로 성장한 인물이 종종 있다. 우리가 잘 알고 있는 박지성 선수는 세계 최고 축구팀 중 하나인 맨체스터 유나이티드에 최초로 입단한 한국인이었다. 그런 그에게도 신체적인 약점이 있었는데, 바로 선천적인 평발이라는 것이었다. 보통 평발인 사람은 다른 이들보다 발의 피로를 쉽게 느끼기 때문에 많이 뛸 수가 없다. 또 서양인보다 훨씬 더 작은 체구를 가진 동양인으로서 똑같은 경기장에서 뛰어야 하는 것도 약점이었다. 그는 이런 약점을 극복하기 위해 다른 선수들보다 훨씬 더 강도 높은 연습을 하며 스스로를 다스렸다.

그 결과는 2010년과 2011년에 걸쳐서 열린 유럽축구연맹 챔피언스 리그 16강에서 빛을 봤다. 당시 맨체스터 유나이티드는 AC 밀란과 경기를 벌였는데, 이때 박지성은 AC 밀란의 '중원 사령관'으로 불리는 안드레아 피를로를 경기 내내 쫓아다니며 그의 공을 무력화시켰다. 피를로는 이후 자신의 자서전에서 박지성에 대해 '핵에너지를 가진 선수'라며 극찬을 아끼지 않았다. 그라운드에서 지칠 줄 모르는 그를 팬들은 '산소 탱크', '두 개의 심장을 지닌 사나이'라고 부르며 열광했다. 박지성이 자신의 한계 앞에 포기했다면, 지금의 그는 아마 세상에 없었을 것이다.

농구계의 작은 거인이라 불리는 타이론 보그스(Tyrone

Bogues)도 마찬가지다. 신장 160cm, 체중 60kg인 그는 농구 선수라기에는 믿을 수 없는 신체 조건을 가지고 있었다. 타이론은 NBA 역사상 가장 최단신 선수였지만 실력만큼은 그 누구에게도 뒤지지 않았다. 그는 끊임없는 연습을 통해 신장을 극복할 수 있을 정도의 스피드와 기술을 연마했다. 그리고 점프력을 향상시켰다. 그는 1986년 세계농구월드컵에 미국대표로 참여해 우승을 일구어내기도 했고, NBA 최고 센터 중 한 명으로 평가받는 패트릭 유잉의 슛을 걷어 내어 놀라움을 자아내기도 했다. 유잉의 키는 213cm였다. 자신의 1.5배는 더 큰 선수와 겨뤄도 될 만큼 스스로를 연마한 것이다.[3]

우리가 잘 아는 헬렌 켈러(Helen Keller) 역시 복합적인 신체장애의 난관을 딛고 인생을 성공으로 이끈 이들 중 하나다. 그녀는 첫 돌 무렵에 말을 할 줄 알았을 정도로 똑똑한 아이였으나, 두 살이 채 되기도 전에 심각한 병을 앓은 후유증으로 인해 시력과 청력을 모두 잃고 말았다. 눈부신 미래를 맞이할 수 있는 모든 가능성이 사라진 듯했다. 당시 헬렌 켈러는 자신이 겪어야만 했던 깊은 혼란을 회고록 「나의 인생 이야기」(유페이퍼)에 썼다.

"여러분은 짙은 안개가 끼어 바로 눈앞에 있는 것도 보이지 않는 날에 배를 타 본 일이 있습니까? 교육을 받기 전에

---
3) 박강현, 「Link 링크 : 약점을 극복한 강자들의 기술, 융합의 힘」, 팬덤북스, 2014

나는 그런 배와 같았습니다. 나침반도 수심 측정기도 없었고, 항구가 어디에 있는지 짐작조차 할 수 없었습니다."

그녀는 이 시기를 '세상에 없던 시기', '모든 인간적인 소통이 없었던 시기'라고 말한다. 하지만 그녀가 이 시기를 극복할 수 있었던 것은 헬렌의 부모님이 절망 속에서도 결코 그녀를 포기하지 않았기 때문이다. 부모님은 그녀가 자신의 장애와 직접 정면승부를 벌이도록 유도하였고, 그러한 믿음은 곧 헬렌으로 하여금 세상과 다시 맞설 수 있는 기회를 만들어 주었다.

헬렌 켈러를 전담으로 맡아 가르쳤던 앤 설리번은 손가락을 통해 그녀가 갇혀 있던 감옥의 문을 열 수 있는 열쇠를 만들어 주었다. 설리번은 헬렌이 사물을 만지고 느껴 보게 했다. 그런 다음 헬렌이 손으로 직접 느낀 사물에 단어를 입혀 주었다. 한 손에 물을 흘려 그 감각을 느끼는 동안 다른 손 위에 '물'이라고 써 주는 방식이었다. 설리번의 교육을 통해 헬렌 켈러는 단어와 사물 간의 관계를 조금씩 이해하며 언어의 신비를 깨달을 수 있었다. 손에 닿는 촉각을 통해 사물의 1차 개념을 파악한 헬렌 켈러는 이어서 미각, 후각 등을 이용해 대상을 더 깊이 느꼈다. 그리고 더 많은 이들과 소통하기 위해 수화를 배우기 시작했다. 늘 혼자였던 그녀가 타인과 관계 맺는 법을 깨닫게 된 것이다.

2005년 미국 타임지 세계에서 가장 영향력 있는 100인으로 뽑힌 작가, 말콤 글래드웰(Malcolm Gladwell)은 그의 저서「다윗과 골리앗」(21세기북스)에서 역경이나 단점이 오히려 성공의 요인이 될 수 있다고 말한다. 다윗이 골리앗을 이길 수 있었던 것은 자신의 약점을 인정했기 때문이며, 이처럼 자신의 약점을 인정하고 창조적 전략을 써야만 인생에서 승리할 수 있다는 것이다.

이러한 가르침을 현실에서 직접 실행에 옮긴 사람이 있다. 바로 시각장애인 강영우 박사다. 그는 '연약함'이라는 시련 앞에서 강함이 되시는 하나님을 직접 만난 사람이다. 지난 2008년쯤 강영우 박사가 간증차 온누리교회에 방문했을 때, 감사하게도 그의 의전을 맡아 직접 대면할 기회가 있었다. 직접 만나 보니 생각보다 훨씬 더 유머가 넘치고 겸손한 분이었다.

1944년 양평에서 태어난 강영우 박사는 중학교 때 사고로 실명한 후, 뒤이어 어머니와 누나까지 잃었다. 맹인 고아가 된 것이다. 그는 고난과 역경 속에도 좌절하지 않고 자신의 꿈을 이루기 위해 끊임없이 노력했다. 그 결과 연세대학교를 졸업했고, 결혼을 해 아내와 미국으로 건너가 3년 8개월 만에 미국 피츠버그대학에서 교육학 박사학위를 취득했다. 한국 최초의 시각 장애인 박사로서 미국 백악관 국가장

애위원회 정책 차관보를 지냈으며, 유엔 세계장애위원회 부의장 및 루즈벨트 재단 고문을 역임했다. 2006년 미국 루즈벨트 재단이 선정한 127인의 공로자 중 한 명이었고, 2008년에는 국제 로터리 인권 상을 수상하기도 했다. 2012년 축복받은 삶을 마감하고 하나님 곁으로 가는 순간까지 그는 7억 명에 가까운 세계 장애인 복지 향상을 위해 헌신했다.

강영우 박사는 「내 눈에는 희망만 보였다」(두란노)라는 책에서 이렇게 말했다.

"장애는 불편함일 수는 있어도 불완전함은 아니다. 당신을 지배하는 생각의 장애, 마음의 장애, 영의 장애를 뛰어 넘으라. 나의 장애보다 크신 하나님을 바라볼 때 희망은 이뤄진다."

강영우 박사는 가장 연약할 때 가장 간절하게 하나님을 붙잡았다. 그때 하나님은 희망과 용기를 주셨고, 강함을 덧입혀 주셨다. 그의 생에 대해 세계 유명인들은 이렇게 회고한다.

> "강영우 박사는 인생에 등을 돌려야 할 정도의 절박한 처지에 있었지만 결코 포기하지 않고 끝까지 노력하고 투쟁해서 오늘날 주류사회에 떳떳하게 설 자리를 발견했습니다. 그러한 고귀한 삶의 태도와 가치관은 장애인이든 비장애인이든 누구에게나 진

한 감동을 주고 귀감이 됩니다."_미국 41대 대통령 조지 부시

"강영우 박사는 실명의 장애를 극복했을 뿐만 아니라 그것을 긍정적인 자산으로 바꾼 분입니다. 그의 실명은 장애가 아니라 우리 모두에게 어려움을 당하고 고난이 겹칠 때 힘을 보태어 주고 불가능에 도전하는 용기와 희망을 불어 넣는 소중한 도구가 되었습니다."_전 미국 법무장관 리처드 소버그

"벼랑 끝에서 오늘날 세계적인 인물이 된 강영우 박사의 극적인 생애를 알고 하나님의 존재를 부인할 사람은 아무도 없을 것입니다."_전 〈가이드포스트〉 발행인 노만 빈센트 필

"강영우 박사는 극복하기 어려운 불운을 극복하고 밝은 비전과 굳건한 신념을 가지고 승리의 인생을 살아가며 훌륭한 교육자로, 사회봉사자로, 정책전문가로 세계적인 인물이 되어 빛나는 공적을 쌓아 가고 있습니다."_전 대한적십자사 총재 서영훈[4]

강영우 박사도 우리와 마찬가지로 '연약함'이라는 결핍을 지녔으나, 하나님의 은혜로 인해 그 시련에서 벗어날 수 있었다. 결핍에 지지 않으려 늘 노력했고, 자신보다 어려운

---

[4] 강영우, 「도전과 기회 3C혁명」, 생명의말씀사, 2009

이들을 위한 노력을 아끼지 않았다.

이처럼 '연약함'은 오히려 많은 이를 강한 존재로 다시 태어나게 한다. 우리를 구원해 주신 예수님의 생애도 마찬가지로 약함 그 자체였다. 작은 마을 베들레헴의 마구간에서 태어나신 예수님은 언제나 가난을 등에 업고 사셨지만, 자신의 삶에 욕심을 내며 부자들과 어울리기를 거부하시고, 중병 환자, 죄인, 과부, 세리 등 사회적 약자를 돌보는 데 모든 것을 바치셨다. 마지막 숨을 거두신 곳도 가장 초라한 십자가에서였다. 주 예수께서는 아무 저항도, 원망도 없이 십자가에 매달리신 채 안타깝고도 연약한 모습으로 돌아가셨다. 하지만 우리는 그토록 초라해 보이던 십자가가 하나님의 능력임을 알아야 한다. 나약한 십자가에서 부활의 꽃이 피었고 하나님의 사랑이 새롭게 태어났기 때문이다.

03

연약함으로 회복되다

 어릴 적부터 나는 축구를 잘하지 못했다. 다른 운동은 곧잘 했는데 유독 축구만은 어려웠다. 선생님과 친구들이 의아하게 생각할 정도였다. 고맙게도 친구들은 이런 내 약점을 놀리지 않고 약간의 기술을 알려 주었다. 덕분에 나는 다른 아이들보다는 부족했지만, 그래도 경기를 치를 수 있을 만큼의 실력은 갖출 수 있게 되었다. 친구들의 배려 덕분에 나는 잘하지 못하는 것은 나쁜 것이 아니라 조금씩 극복해 나가야 하는 것임을 배울 수 있었다.

 이처럼 인간에게는 어느 정도의 온정이 있어서 때로는 연약한 사람을 본능적으로 돕기도 한다. 성덕 바우만(김성덕)의 사례를 보면, 세상이 약함을 보살펴 주는 법을 알 수 있다. 그는 미국으로 입양된 입양아로 1996년 당시 21세였다. 만능 스포츠맨이자 공군사관생도였던 그가 세간의 주목을 받은 것은 KBS 1TV에서 방영된 프로그램 "성덕 바우만, 누가 이 아이를 살릴 것인가" 때문이었다. 그는 당시 악성 백혈병을 앓고 있었는데, 병의 진행 속도가 너무 빨라 3개월 이내에 골수 이식수술을 하지 않으면 목숨을 잃을 수도 있는 상황에 처해 있었다. 그에게 이식을 해 줄 수 있는 이를 찾기 위해 그의 양부모가 한국에 도움을 청했고, 그 사연이 TV를 통해 방영이 되었던 것이다.

방송이 나가자마자 성덕을 살려야 한다는 여론이 국내외에 빠르게 번져 갔다. 1만여 명의 시민이 그에게 골수를 이식하고 싶다며 유전자 감식을 위한 채혈에 동참해 주었다. 기적처럼 기증자를 만난 성덕은 무사히 골수를 이식받아 살아났다. 이 아름다운 사례를 통해 사람들은 백혈병 환우에 대한 관심을 가지게 되었고, 덕분에 골수 기증 운동도 예전보다 활발히 뻗어 나갈 수 있었다. 집단의 관심이 대상의 약함을 보듬어 더 큰 가치를 만들어 낸 것이다.

> 시험에 들지 않도록 깨어서 기도하라. 마음은 간절한데 육신이 약하구나. _마 26:41, 우리말성경

여러분의 육신이 연약하므로 내가 사람의 방식대로 말합니다. 여러분이 전에는 자기의 지체를 부정과 불법의 종으로 내주어

불법에 이른 것처럼 이제는 여러분의 지체를 의의 종으로 드려 거룩함에 이르십시오. _롬 6:19, 우리말성경

이처럼 내가 모든 일에 모범을 보였으니 여러분도 약한 사람들을 도우며 '주는 것이 받는 것보다 복이 있다'라고 하신 주 예수의 말씀을 기억해야 합니다. _행 20:35, 우리말성경

'연약함'에 대해 예수님은 마음을 미처 다 받쳐 주지 못하는 육신이라 말씀하셨고, 바울은 이러한 연약함이 우리를 부정에 이르게 한다고 말했다. 그러나 한편으로 성경은 하나님의 능력이 연약함을 통해 드러난다고 역설하기도 하는데, 바로 이런 점 때문에 연약함이 영광의 표시가 되고 강하고도 거룩한 힘이 될 수 있는 것이다.

따라서 연약함은 내가 가지고 있으면 무능력, 가난, 병약함에 지나지 않지만, 하나님께 내어놓으면 그분의 강함이 나타나는 통로가 될 수 있다. 연약함의 원인을 설명하려는 시도가 수도 없이 많이 있어 왔지만, 그보다 중요한 것은 '연약함이 누구에게 있느냐' 하는 것이다.

내 안에 머물러 있으라. 그러면 나도 너희 안에 머물러 있을 것이다. 가지가 포도나무에 붙어 있지 않으면 스스로 열매를

맺지 못하는 것처럼 너희도 내 안에 있지 않으면 열매를 맺을 수 없다. 나는 포도나무요, 너희는 가지다. 그가 내 안에 있고 내가 그 안에 있으면 그 사람은 많은 열매를 맺는다. 나를 떠나서는 너희가 아무것도 할 수 없다. 누구든지 내 안에 있지 않으면 그 사람은 쓸모없는 가지처럼 버려져 말라 버린다. 사람들이 그런 가지들은 모아다가 불 속에 던져 태워 버린다. 만일 너희가 내 안에 있고 내 말이 너희 안에 있으면 너희가 원하는 것이 무엇이든지 구하라. 그러면 그대로 이루어질 것이다. _요 15:4-7, 우리말성경

나무에서 떨어져 나온 가지는 땅에 떨어져 말라비틀어지는 것처럼, 우리도 하나님을 벗어나서는 자신의 연약함을 절대 해결할 수 없다. 고린도후서는 인간의 연약함과 그리스도의 능력의 관계를 명쾌하게 설명한다.

그러나 그분은 내게 말씀하셨습니다. "내 은혜가 네게 족하다. 왜냐하면 내 능력이 약한 데서 온전해지기 때문이다." 그러므로 나는 내 약한 것들에 대해 크게 기뻐하며 자랑할 것입니다. 이는 그리스도의 능력이 내게 머물게 하기 위함입니다. 그러므로 나는 그리스도를 위해 약한 것들과 모욕과 궁핍과 핍박과 곤경 가운데 있으면서도 기뻐합니다. 왜냐하면 내가 약할

그때에 곧 강하기 때문입니다. _고후 12:9-10, 우리말성경

    세상은 연약함을 패배이고 실패라고 한다. 그러나 성경은 연약함을 축복이라고 한다. 연약해야 하나님과 연합할 수 있고, 그래야 그분의 은혜를 누릴 수 있기 때문이다. 또한 누군가의 연약함을 보았을 때 외면하지 않고 그를 도와주는 것은 세상을 더욱더 따뜻하게 한다. 다른 사람에 대한 사랑을 다시금 깨달을 수 있는 기회로서 '연약함'이 존재하기도 하는 것이다.

    그러므로 우리는 '연약함' 앞에서 그것을 외면하거나 경멸하거나 숨어 버려서는 안 된다. 자신이 연약해졌을 때에는 최선을 다해 그 연약함을 극복하려 노력해야 하고, 다른 이가 연약함의 곤경에 빠졌을 때에는 누구보다 먼저 그에게 손을 내밀어 주어야 한다. 그래야만 '연약함'으로 나뿐만 아니라 세상 속 모든 이들이 시련을 극복하고 회복될 수 있기 때문이다.

04

약자와 함께하는 마음

어릴 적 읽었던 동화 중 진 웹스터(Jean Webster)의 「키다리 아저씨」라는 책이 있었다. 이 책의 줄거리는 다음과 같다.

고등학교를 졸업할 때까지 고아원에서 자란 주디는 어느 날 원장 선생님에게서 놀랍고도 반가운 소식을 듣게 된다. 고아원을 후원해 주고 있는 평의원 중 한 명이 자신의 후견인이 되어 대학을 보내 준다는 것이다. 그에 대해 알고 있는 정보라고는 이름도 모르는 부자라는 것과 키가 아주 크다는 것, 그리고 여자를 좋아하지 않는 사람이라는 것이었다. 주디는 대학에 가는 조건으로 한 달에 한 번씩 그에게 편지를 써야 했다. 그 후로 주디는 얼굴조차 모르는 키다리 아저씨를 위해 매일매일 편지를 썼다. 키다리 아저씨는 늘 보이지 않는 곳에서 주디의 곁을 지켜 주었고, 덕분에 주디는 행복한 삶을 살 수 있었다.

나도 가장 연약했던 시기에 키다리 아저씨를 만난 적이 있다. 그분은 실제로도 키가 아주 큰 분이었다. 온누리교회에 처음 부임해 와 교육 전도사가 되었을 때, 나는 차세대 유치부를 맡았다. 예닐곱 살 아이들에게 말씀을 전하고, 스무 명 남짓 되는 선생님들을 영적으로 돌보는 사역을 해야 했다. 아이들과 함께 지내는 것은 잘 감당할 수 있었으나, 선생님들을 돌보는 것은 상당히 부담이 되는 일이었다. 그때 나는 너무 어렸고, 목회라는 것이 무엇인지 아직 잘 몰랐던 시기였기 때문이다.

그런 내게 큰 힘을 주었던 고마운 선생님이 있다. 사십대 후반 정도 된 분으로, 내 연약함을 잘 인지하고 도와주었던 성령 충만한 분이었다. 예배와 사역에 대해 잘 알지 못하는 내게 친절히 잘 설명해 주었고, 그러면서도 내가 무안해하지 않도록 많이 배려해 주었다. 덕분에 나는 교회에 잘 적응할 수 있었고, 예배의 부흥도 경험할 수 있었다. 또한 그분은 선생님들을 영적으로 더 잘 돌봐 주기 위해 대심방을 하는 것은 어떻겠느냐는 제안도 해 주었다. 아주 좋은 아이디어라고 생각했기에 곧바로 이를 실천했다. 짧은 시간이었지만 선생님들의 직장과 가정에 방문하여 기도와 격려를 드렸더니, 선생님들과 많이 가까워질 수 있었고, 영적으로도 자신감이 바로 설 수 있었다.

그분의 따뜻한 마음과 밝은 지혜는 어디에서 온 것일까? 고백하기를, 그 또한 자기 안의 연약함 때문에 시련을 겪은 적이 있었다고 했다. 하지만 하나님의 말씀을 잘 따르다 보니 연약함을 이겨 낼 수 있었고, 더 나아가 다른 이들을 위한 삶을 사는 데 도움이 되어 주었다고 했다. 그분의 말씀 덕분에 '나 또한 그런 삶을 살아가리라' 젊은 날 스스로에게 다짐했던 기억이 난다.

이처럼 힘이 없고 지쳐 있을 때 누군가에게서 받은 도움은 아주 오랫동안 기억에 남는다. 오래 전 군대 생활을 할 때도 내게는 키다리 아저씨가 있었다. 군대 신병교육대의 마지막 주차 훈련 중 가장 난코스가 있었다. 40km 야간 행군을 하는 것이었는데, 나는 심한 평발이었기 때문에 그 훈련을 받는 것이 너무나 두려웠다. 피할 수 있다면 피하고 싶었지만 신병교육대에서 그 관문을 피하기란 어림도 없는 일이었다. 결국 나는 야심한 밤에 행군을 출발했다. 한참을 걸었더니 발바닥이 굳어 버리는 증상이 생겼다. 그럼에도 나는 절뚝절뚝 걸으며 행군을 이어갈 수밖에 없었다. 더 이상 행군할 힘이 없어 포기하려던 그때, 마침 내 뒤에 있던 신병교육대 동기가 별안간 내 군장을 자기 어깨에 매며 말했다.

"정환아, 힘내. 넌 할 수 있어."

그 동기의 말은 마치 주님이 내게 하시는 말씀처럼 들렸다. 그 동기는 내무반에서도 내 옆자리를 지키며 언제나 나와 함께 교회에 열심히 다니던 친구였다. 그는 내가 야간 행군을 두려워하고 있음을 알고 옆에서 계속 나를 지켜보고 있었던 것이다. 그 덕분에 나는 40km 야간행군을 넉넉히 완주할 수 있었고, 이 모든 것을 가능하게 해 준 동기가 너무도 고마웠다.

이처럼 연약한 사람의 짐을 대신 짊어지는 것은 그 사람에게 정말 말로 다 표현할 수 없을 정도로 많은 용기와 희망을 준다. 힘들고 고통스러운 사람에게 작은 힘을 보태 주는 것만으로도 그들은 그 상황을 충분히 딛고 일어날 수 있는 것이다.

참 감사하게도 내 주변에는 연약한 사람들을 도우며 살아가는 분들이 참 많다. 오래 전 TV에서 방영되었던 "짱가"라는 만화 영화 속 주제곡처럼 '어디선가 누구에게 무슨 일이 생기면 짜짜짜짜짜 짱가 엄청난 기운이…'를 삶에서 늘 실천하는 분들이 바로 그들이다.

내가 만났던 분들 중 곤지암에서 작은 공장을 운영하는 장로님이 있다. 나는 월요일 아침마다 신우회 예배를 드리기 위해 그곳으로 가는데, 거기에 가면 고려인, 조선족, 파키스탄인, 스리랑카인, 캄보디아인 등 다양한 나라에서 온 각기 다른 인종의 사람들을 만날 수 있다. 장로님은 그들을 위한 말씀을 전해 달라고 내게 부탁하였고, 그 인연은 꼬박 11년째 이어지고 있다.

장로님이 처음 공장을 시작할 때는 예수님을 잘 알지 못했다. 그러다 모두가 힘들었던 IMF 시절, 회사가 부도날 위기에 처했을 때, 아내를 통해 하나님을 처음 만났다. 하나님께서 나를 지켜 주신다는 믿음은 곧 장로님께 큰 힘이 되었고, 그 길로 장로님은 그리스도의 길을 걷게 되었다. 그렇게 시작된 신앙생활로 인해 그는 드디어 자유로운 삶의 생동감을 느낄 수 있었다. 기도하는 마음으로 기업을 경영하다 보니 점점 매출이 올라가 기업의 몸집이 커져 갔다. 그래서 곤지암에 부지를 사 공장을 새로 지었다. 이 모든 과정은 기도와 말씀 가운데 진행되었다.

그런데 다시 큰 어려움이 그에게 닥쳤다. 큰 화재 때문에 공장의 모든 것이 다 전소된 것이다. 늘 하나님께 기도하고 말씀을 따르며 살아왔는데 왜 이런 위기가 또다시 찾아온 것일까 의문이 멈추지 않았다. 곧 무서운 절망감이 생겼고, 공장이 다 전소가 된 것을 보자 황망한 생각이 들었다. 그때 장로님의 아내에게서 전화가 왔다.

"여보, 오늘 큐티 말씀 읽으셨어요?"

장로님은 화가 났다. 화재 때문에 정신이 없는데 무슨 큐티 말씀이냐 싶었다. 그러자 아내가 장로님께 그날의 말씀을 읽어 주었다.

> 그러나 하나님의 말씀이 파기된 것 같지는 않습니다. 이스라엘에게서 난 사람들이라고 해서 다 이스라엘이 아니고. _롬 9:6, 우리말성경

장로님은 이 말씀을 읽고 전율을 느꼈다. 하나님께서 다른 뜻이 있으셔서 이런 시련을 주신 것이라고 생각했다. 그 후로 장로님은 월요일마다 예배를 드리기 시작했다. 그리고 예배를 통해 자기 자신뿐만 아니라 이웃에게도 그리스도의 복음과 사랑을 전했다. 그로 인해 그 공장에서 근무하는 모든 사람이 주님의 사랑을 체험할 수 있었고, 아무리 어려운 시련이 오더라도 극복할 수 있는 용기를 가질 수 있게 되었다. 어느 스리랑카 형제는 이 공장의 예배 시간을 통해 예수님을 만나 지금은 신학을 공부하여 목사님이 되었다. 그리고 조국을 전도하기 위해 선교사로 떠났다. 지금도 장로님은 그와 교제를 계속 이어가며 그 교회를 돕고 있다.

나는 이 모든 광경 속에서 하나님의 놀라운 역사를 경험했다. 비록 나 또한 연약한 자로서의 한계를 갖고 있더라도, 나보다 더 연약한 자를 돌보는 것이 진정한 하나님의 사명이고 삶의 기쁨이라는 것을 새로 깨닫게 된 것이다. 그래서 나

도 장로님의 뜻을 이어받아 그곳에서 예배를 드리게 되었고, 지금도 월요일 아침이면 예배를 드리러 갈 생각에 늘 마음이 설레곤 한다.

이처럼 연약한 자를 도울 때 비로소 예수님의 진정한 사랑을 알 수 있게 된다. 예전에 작은 예배 공동체에서 만난 권사님 또한 바로 그 진정한 사랑을 실천하던 분이었다.

권사님은 체구도 작고 몸도 불편했다. 그런데도 어려운 사람들 앞에서는 누구보다 강한 사람이 되어 연약한 자들에게 힘을 보태 주셨다. 그분은 교회에서 일하는 식당 여사님이나 미화 용역하는 여사님에게도 늘 마음을 쓰며, 그들을 위한 사랑을 몸소 전하고 싶어 할 정도로 따뜻한 마음을 가지고 있었다.

권사님은 어릴 적 주일학교를 통해 예수님을 처음으로 영접했는데, 당시 주일학교 선생님에게 받았던 사랑을 아직도 잊지 못해 70세가 훨씬 넘은 나이인데도 여전히 주일학교 교사로 섬기고 있다. 생활이 어려웠던 시절 권사님의 주일학교 선생님은 자상한 아빠이자 다정한 오빠처럼 사랑을 전해 주었고, 덕분에 권사님은 가정에서 느낄 수 없었던 사랑의 온기를 느낄 수 있었다고 한다. 그래서 지금도 권사님은 열심히 예배에 참석하며 교사들을 격려하고 아이들을 사랑으로 맞이하고 있다.

언젠가 한번은 권사님과 함께 암 투병으로 고생하는 한 성도님을 심방간 적이 있다. 심방하면서 찬송을 불렀는데, 그 목소리에 힘을 얻고 얼굴에 화색이 도는 성도님을 보자, 권사님은 다음 날에도 그다음 날에도 그분을 방문하여 위로와 격려의 말씀을 전했다. 육체적으로 경제적으로 연약한 사람들에게 늘 손을 내밀어 주고, 가능한 한 함께 있어 주는 것이 가장 큰 사랑의 실천임을 나는 권사님을 통해 배울 수 있었다.

앞서 내가 소개해 드린 분들은 모두 저마다의 연약함을 가지고 있었다. 하지만 그 연약함을 훌륭히 극복하였고, 또 그것을 극복한 힘으로 다른 이들을 헤아릴 줄 아는 분들이었다. 자신이 연약했었기에 오히려 연약한 사람들의 마음을 더 잘 헤아리고, 더 많이 배려하며 사랑할 줄 알았던 것이다.

그러므로 '연약함'이라는 것은 우리에게 상당히 고마운 것이다. 내가 연약할 때에는 누군가의 도움을 받을 수 있는 축복의 시간을 만끽할 수 있고, 또 내가 그 시련을 극복하고 힘이 생겼을 때에는 누군가를 도울 수 있는 것이다. 나 자신의 연약함을 극복하는 것뿐 아니라, '연약함'으로 시련받는 이들에게 도움을 주며 사는 것이 중요한 이유는 바로 그 때문이다.

연약한 사람을 돕기 위해 그들과 눈높이를 맞추자. 도움이 간절하고 절박한 이들에게 공감해 주고 기도해 주며 손을 잡아 주자. 그러면 나뿐만 아니라 내 곁에 있는 이들도 이 어려운 세상을 함께 극복할 수 있게 될 것이다.

05

연약함으로 삶은 완성된다

예수님은 순으로 오셨다. 연한 순으로 오셨다.

순은 약하지만 그 속에 생명이 있다.

순은 자라고 증식한다.

순에서 가지가 뻗어나고 순속에 무한한 꽃이 감추어져 있다.

순속에 무한한 열매가 감추어져 있고

나무의 무한한 미래가 감추어져 있다.

여인도 마찬가지다.

연한 순 같아 그 속에 무한한 생명이 담겨 있고

인류의 미래가 담겨 있다.

강준민 목사님의 책 「가슴 아픈 소리를 내는 사람들의 행복」(두란노) 중 '연약한 자가 누리는 행복' 부분에 나오는 글이다. 위 글에 적힌 것처럼 연약함은 그것만으로도 우리를 무한한 가능성으로 이끌어 내는 소중한 경험이다. 하지만 슬프게도 세상은 이것을 받아들이지 않는다. 세상은 우리에게 약하면 패배자가 된다고 말하며, 연약한 자에게 늘 야박하게 굴고 기회를 주지 않는다. 그래서 우리는 '연약함'으로 인해 사회적, 경제적, 육체적, 심리적, 정신적, 영적인 차원에서 사회적 약자가 되어 버려도, 세상으로부터 도움을 받기가 어렵다. 세상은 연약함을 안고 살아가는 자들에게 관심을 주지 않기 때문이다.

세상은 강한 자들이 지배하는 곳이기 때문에 연약한 자들에게 무시와 패배와 고통을 줄 뿐, 그들을 구원하려 하지 않는다. 그래서 연약한 사람들은 대부분 세상 속에서 자신의 연약함을 숨기고 강한 척하며 살아가게 된다.

그런데 아이러니하게도 세상은 연약함을 극복하는 자들에게 승리와 희망과 갈채를 보낸다. 자신들이 쳐 놓은 장애물을 뛰어넘는 연약한 자들에게는 격려와 칭찬을 아끼지 않고, 순식간에 그를 영웅으로 취급하며 치켜세워 준다.

맥스웰 말츠(Maxwell Maltz)라는 저명한 심리학자는 자신의 약점 때문에 열등감에 빠져 있는 사람들이 전체 인구 중 95%나 된다고 했다. 그러나 성공적인 삶을 살아간 사람들 또한 그 95%의 비율에 속한 약점이 있는 사람들이었다고 밝혔다. 학력이라는 약점을 극복하고 존경받는 대통령이 된 링

컨이나, 소아마비라는 장애를 딛고 이겨낸 루스벨트, 청각장애라는 시련이 있었으나 최대의 악성이 될 수 있었던 베토벤, 가난했으나 세계 최고의 부자가 된 록펠러 등 우리가 알고 있는 위인들 또한 다들 저마다의 '연약함'을 가지고 있었다. 중요한 것은 이것을 극복하기 위해 누구보다 노력했다는 것이다.

그들의 공통점은 자신의 연약함을 대하는 자세였다. 그들은 약점을 고쳐야 할 문제가 아니라 보완해야 할 과제라고 여겼다. 그래서 고난과 역경이 다가오면 스스로의 약점을 발견하는 기회로 삼고, 이것을 극복하려 노력했다. 약점을 단순히 약점으로 방치하지 않고 그것을 강점으로 승화한 사람들을 향해 세상은 누구보다 큰 영광을 주었다. 환경의 어려움이나 조건의 어려움을 극복한 자에게 영웅의 자격을 주는 세상의 아이러니 앞에 맞서기 위해서는, 우리 또한 약점 앞에서 무릎 꿇지 않고 그것을 극복하려 노력해야 한다. 세상에서 연약함을 과감히 버리지 못하면 패배자가 되지만, 오히려 그 연약함을 압도하고 이겨 내면 승리자가 될 수 있기 때문이다.

물론 세상이 우리에게 영원한 강자의 자리를 허락하는 것은 아니다. 강자의 자리에서 은혜를 입고 있다가도 어느새 찾아온 '연약함'으로 인해 순식간에 내리막을 달려 내려가는 것이 인간의 숙명이다. 그래서 우리는 연약함이 찾아왔을 때 그것을 드러내기보다 숨기기에만 급급하다. 그러다 보면 겉으로는 자신만만하게 보이지만 속으로는 열등감으로 가득 차 있는 경우가 태반이다.

그러므로 우리는 약점을 숨기지 말고 오히려 밖으로 그것을 더 드러내고 '연약함'을 인정해야만 한다. 자신의 약점을 스스로 인정하고 그것을 극복하려고 해야만 비로소 그것이 약점이 아닌 강점이 될 수 있기 때문이다. 따라서 우리는 연약함을 멸시하는 세상의 시선에 미리 겁을 먹고 두려워하기보다, 그것을 솔직하게 드러내고 하나님의 말씀을 들으려 더욱 노력해야 한다.

또한 '연약함'의 자리에 섰을 때 그것을 외면하려 하지 말고 자신의 등에 십자가를 짊어지고 하나님을 깊이 묵상해야 한다. 그래야만 힘들지만 존귀한 자로서 하나님 앞에 설 수 있기 때문이다. 하나님이 이스라엘 백성에게 광야라는 시간을 허락하신 것은 그들을 다시 한 번 더 영적으로 바로 세우기 위함이었다.

내가 오늘 명하는 모든 명령을 너희는 지켜 행하라. 그리하면 너희가 살고 번성하고 여호와께서 너희의 조상들에게 맹세하신 땅에 들어가서 그것을 차지하리라. 네 하나님 여호와께서 이 사십 년 동안에 네게 광야 길을 걷게 하신 것을 기억하라. 이는 너를 낮추시며 너를 시험하사 네 마음이 어떠한지 그 명령을 지키는지 지키지 않는지 알려 하심이라. 너를 낮추시며 너를 주리게 하시며 또 너도 알지 못하며 네 조상들도 알지 못하던 만나를 네게 먹이신 것은 사람이 떡으로만 사는 것이 아니요 여호와의 입에서 나오는 모든 말씀으로 사는 줄을 네가 알게 하려 하심이니라. _신 8:1-3

그들은 광야에서 가장 연약한 자들이 되었으나 그 연약함이 있었기에 가장 강력하신 하나님을 만날 수 있었다. 하나님께서 이스라엘 백성에게 광야를 허락하신 것은 하나님을 바라보게 하기 위함이었다. 그리고 이스라엘 백성은 하나님만 올곧이 의지함으로써 연약함을 극복하고 새로운 삶을 살 수 있었다.

우리도 마찬가지다. 하나님께서 우리에게 연약함을 허락하신 것은 하나님을 바라보게 하기 위함이다. 그래서 우리는 살면서 연약함을 발견할 때마다 하나님을 바라보아야 한다. 우리가 약해졌을 때에야 비로소 우리의 마음이 열리고 하나님이 우리의 주인이 되시는 길이 열린다. 연약함은 우리를 비참하게 하지만, 그 연약함 뒤에 계시는 하나님을 바라본다면 우리는 그 연약함을 반드시 이겨 낼 수 있다.

대다수의 사람들은 자신의 약점을 인정하려 하지 않는다. 스스로가 강하다고 생각하기 때문에 다른 사람의 말을 듣지 않고, 도움을 요청하지도 않는다. 그러나 그것은 달리 생각하면 교만에 가깝다. 약한데 약하지 않은 척하고, 강하지 않은데 강한 척했기 때문이다.

물속에 빠졌을 때 혼자 발버둥을 치며 강한 척하면 물에 더 깊이 빠져들지만, 자신의 약함을 인정하고 물에 몸을 맡긴 채 구조를 요청하면 거기서 벗어날 수 있다. 마찬가지로 내 안에 약점이 있을 때 그것을 인정하고 겸손히 하나님께 스스로를 맡겨야만 약점을 이길 수 있는 힘을 얻을 수 있다. 위기가 기회가 된다는 말이 있듯이, 연약함이 온전함으로 나아가기 위해서는 내 부족함을 채우도록 노력하고 '아! 하나님께서 나의 결핍을 채워 주시기 위해 선물을 보내셨구나' 하며 감사히 여겨야 한다.

또한 인간은 재미있게도 '왜?'라는 의문이 풀려야 움직이는 존재다. 그렇게 해야 하는 확실한 이유와 명분이 있어야만 비로소 이 땅 위에 당당하게 설 수 있다. 삶의 이유를 인식하지 못하고 살아가는 것은 단지 생존을 위해, 먹기 위해 살아가는 것이다. 그러나 삶의 이유를 분명히 알고 살아가는 사람은 목적을 위해, 의미를 위해 살아가는 것이다. 먹고 사는 것은 삶의 이유와 목적을 이루기 위한 수단이지, 그 자체가 중요한 것은 아니다.

그러므로 우리가 연약함과 정면 승부를 하려면 이 땅에서 내가 살아야 하는 이유와 꼭 살아야 하는 명분을 가져야 한다. 그냥 숨 쉬니 살고, 죽지 못해 산다면 그 인생은 결코 연약함을 극복할 수 없다. 내가 사는 이유와 목적, 그리고 명분이 있을 때 우리는 연약함과 정면 승부를 벌여 승리할 수 있다.

나는 연약함을 가지고 있는 분들에게 다음의 세 가지를 추천하고 싶다.

첫째, 내 안에 있는 연약함을 인정하자

연약함은 왜 우리를 위축시킬까? 그것을 숨기고 감추었기 때문이다. 자기 자신에게도 연약함을 철저히 감추었기 때문에 누가 자신의 약점을 말하면 화부터 벌컥 내곤 한다. 나 자신도 감추고 싶은 약점을 들추었기 때문이다. 하지만 연약함은 숨기고 감출수록 우리를 더 작아지게 만든다. 연약함은 감추는 것이 아니라 솔직히 인정해야 하는 것이다. '나에게 이런 연약함이 있구나', '이것 때문에 내가 그동안 힘들었구나' 이렇게 인정하고 싶지 않았던 약점을 인정해 보자. 지피지기면 백전불태(知彼知己百戰不殆)라 하지 않았는가? 적을 알고 나를 알아야 이길 수 있는 법이다. 나를 알기 위해서는 나의 연약함까지도 꿰뚫고 있어야 한다. 내가 나의 연약함을 인정한다고 세상이 무너지지 않는다.

둘째, 내 안에 있는 연약함을 고백하자

내 안에 있는 연약함을 나 스스로 인정했다면, 이제는 한 걸음 더 나아가 나의 연약함을 사람들에게 고백해 보자. 이 연약함을 사람들에게 고백하는 순간, 그 연약함은 당신을 더 이상 괴롭히지 못할 것이다. 연약함은 숨기고 있을 때는 그 힘을 발휘하여 나를 힘들게 하지만, 그 연약함을 오픈하는 순간 약점은 그 힘을 잃게 되기 때문이다. 나의 연약함을 사람들 앞에서 인정하고, 그 고통으로부터 자유로움을 누려야 한다.

셋째, 내 안에 있는 연약함을 보완하자

내 약점을 스스로 인정하고 사람들에게 솔직하게 드러냈다면, 이제 그 약점을 보완해서 강점으로 바꾸어야 한다. 내가 인정한 약점, 사람들에게 오픈한 약점은 이제 숨기고 감추어야 할 애물단지가 아니라, 보완하고 메꾸어야 할 과제가 된다. 장애는 걸려 넘어지라고 주님께서 주신 것이 아니라, 그것을 뛰어넘어서 더 높이 올라가라고 주신 선물인 것이다. 그러므로 우리는 약점을 발견하였을 때 그것에 걸려 넘어지는 자가 아니라, 그것을 뛰어넘는 자가 되어야 한다. 그 약점을 통해 우리의 삶을 더 행복하게 만들어야 한다.

지금까지 우리는 성경 속 다양한 인물들을 통해 '연약함'의 원인이 무엇이고, 그것을 극복하기 위해서 어떻게 해야 하는지를 살펴보았다. 성경 속에 나오는 인물들도 우리처럼 물질이나 쾌락, 유희, 욕심과 탐욕에 약한 결핍이 있는 사람들이었다.

그들은 저마다의 연약함을 가지고 있었지만, 하나님은 그들이 연약함을 극복할 수 있도록 놀라운 일을 행하셨다. (물론 자신의 완고함을 버리지 못해서 극복하지 못한 사람들도 있다.) 그들은 비록 연약했으나, 자신의 연약함을 인정하고 고백함으로써 하나님의 은총을 받을 수 있었다. 그리고 우리는 그들의 연약한 내면을 들여다봄으로써 우리 안에 있는 결핍도 발견할 수 있었다.

이 책을 통해 내가 말하고 싶은 것도 바로 그것이다. 나는 '연약함'이 우리 자신을 다시 돌아보도록 하는 가치가 있음을 하나님의 말씀을 통해 증명하고자 했다. 우리는 연약해짐으로 비로소 세상으로부터 더 많은 사랑과 사람과 능력을 제공받을 수 있다.

그러므로 우리는 이 세상에서 연약한 자로 서 있어야 한다. 여기서 말하는 연약함이란 무가치하고, 무지하며, 볼품없는 연약함이 아니라 하나님 앞에서의 연약함이다. 처음 지음 받은 자로 서 있을 때에야 비로소 인간은 하나님의 강함을 덧입을 수 있기 때문이다. 따라서 연약함은 실패와 패배가 아니라 주님의 강함을 덧입는 자리다.

연약함은 가장 비참한 시간이 아니라, 가장 강함으로 변화되기 직전의 시간이다. 연약함은 사람들에게 무시당하고 짓밟히는 현장이 아니라, 하나님께 주목받고 그분의 손길을 경험하는 현장이다. 그러므로 이제부터라도 연약한 자신을 탓하거나 외면하는 대신, 하나님 앞에서 약함을 인정하고 진정한 나 자신으로 거듭날 수 있도록 노력해야 한다.

또한 앞선 글에서 보았듯, 나의 약점을 극복했다면 다른 이들 또한 연약함을 극복할 수 있도록 손을 내밀어 줘야만 한다. 연약한 우리는 필연적으로 서로를 도우며 살아가야 한다. 그래야 자신에게 '연약함'이라는 시련이 닥쳤을 때 다른 이의 따뜻한 손길을 받을 수 있기 때문이다.

인간은 꺼져 가는 등불과 같고 바람결을 따라 춤을 추는 갈대처럼 약하다. 그것은 우리가 받아들여야 할 숙명이다. 하지만 우리가 왜 연약한지, 그것을 극복하기 위해 어떻게 해야 하는지를 정확히 알고 살아간다면 인간은 자신이 가진 '연약함'이라는 숙명으로부터 반드시 벗어날 수 있다. 이 책을 통해 모든 이들이 가난한 마음으로 하나님 앞에 서는 용기를 되찾을 수 있기를, 연약함에서 벗어날 수 있기를, 행복하고 풍요로운 삶을 완성할 수 있기를, 위로와 회복의 시간을 경험하기를 간절히 소망한다.

연약함이 건네는 위로

초판 발행 • 2019년 3월 30일
초판 2쇄 • 2019년 10월 15일

지은이 • 이정환
발행인 • 임용수
대표 • 조애신
책임편집 • 이소연
편집 • 이소정
디자인 • 임은미
마케팅 • 전필영
온라인마케팅 • 고태석
경영지원 • 김정희, 전두표

발행처 • 도서출판 토기장이
주소 • 서울시 마포구 망원로 26 토기장이 B/D 3F
출판등록 • 1990년 10월 11일 제2-18호
대표전화 • (02) 3143-0400
팩스 • (02) 3143-0646
E-mail • tletter@hanmail.net
www.facebook.com/togijangibook

ISBN 978-89-7782-414-0

값 13,000원

"우리는 진흙이요 주는 토기장이시니
 우리는 다 주의 손으로 지으신 것이라"
　　　　　　　(이사야 64:8)

이 도서의 국립중앙도서관 출판예정도서목록(CIP)은
서지정보유통지원시스템 홈페이지(http://seoji.nl.go.kr)와 국가자료종합목록시스템
(http://www.nl.go.kr/kolisnet)에서 이용하실 수 있습니다. (CIP제어번호 : CIP2019009210)